Pierre M. Daeubner

Alles, was Sie über Technische Analyse wissen müssen

TITEL DER SIMPLIFIED-BUCHREIHE

Herbert Autengruber
Aktienfonds für jedes Anlageziel

Holger Bengs | Mike Bayer
Investieren in Biotechnologie

Norbert Betz | Ulrich Kirstein
Börsenpsychologie

Pierre M. Daeubner
Alles, was Sie über Technische Analyse wissen müssen

Ed Downs
Die besten Chartmuster

Georg Eckert
Die Privatanlegerbibel

Horst Fugger
Börsen-Lexikon

Lars Gottwick
Rainbow-Trading

Markus Jordan
Zertifikate

Jay Kaeppel
Die 4 größten Fehler beim Handel mit Optionen

Dennis Metz
Devisenhandel

Markus Miller
Abgeltungssteuer – nein danke!

David Morgan
Insiderwissen: Silber

John J. Murphy
Charttechnik leicht gemacht

Oliver Paesler
Technische Indikatoren

Melvin Pasternak
Die 21 wichtigsten Candlestick-Formationen

Richard Pfadenhauer
Alles, was Sie über Derivate wissen müssen

Michael J. Plos
Daytrading

Georg Pröbstl
Die besten Dividendenstrategien

Michael Proffe
Die besten Trendfolgestrategien

Stefan Riße
CFDs

Karin Roller
Kursziele bestimmen mit Fibonacci

Raimund Schriek
Besser mit Behavioral Finance

Norman Schwarze
Investieren in Gold

André Tiedje
Elliott-Wellen leicht verständlich

Martin Voigtmann
Geschlossene Fonds

Mikael Henrik von Nauckhoff
Sicher mit Anlagemetallen

Harald Weygand
Short Selling

Daniel Wilhelmi
Emerging Markets

Daniel Wilhelmi
BRIC ist die Zukunft

www.simplified.de

Pierre M. Daeubner

ALLES, WAS SIE ÜBER TECHNISCHE ANALYSE WISSEN MÜSSEN

Mit Charts zum Erfolg

FBV

simplified

Gesamtbearbeitung: Stephanie Villiger
Lektorat: Dr. Renate Oettinger
Druck: Konrad Triltsch GmbH, Ochsenfurt

7. Auflage 2013

Nymphenburger Straße 86
80636 München
Tel. 089 651285-0
Fax 089 652096
info@finanzbuchverlag.de

Den Autor erreichen Sie unter:
daeubner@finanzbuchverlag.de

Bibliografische Information der Deutschen Nationalbibliothek: Die Deutsche Nationalbibliothek verzeichnet diese Publikation in der Deutschen Nationalbibliografie; detaillierte bibliografische Daten sind im Internet über **http://d-nb.de** abrufbar.

ISBN: 978-3-89879-165-6
E-Book ISBN (PDF): 978-3-86248-162-0

simplified

Inhalt

simplified

DIE SIMPLIFIED-BUCHREIHE

WWW.SIMPLIFIED.DE

simplified

Geleitwort

von Harald Weygand

– Head of Trading von GodmodeTrader.de –

Der Trend geht zur Chart-Technik – auch Sie sollten profitieren.

Der Trend zur Technischen Analyse ist unverkennbar. In der Investmentbranche setzen professionelle Marktteilnehmer immer mehr auf diese Methode. Unter Kleinanlegern erfreut sich die Technische Analyse ebenfalls zunehmender Beliebtheit. In jeder größeren Marktphase gilt es zu hinterfragen, nach welchen Kriterien die Marktteilnehmer im Markt agieren. Tätigen Sie ihre Trading- und Investmententscheidungen basierend auf der konkreten Nachrichtenlage oder auf charttechnischen Kriterien? Ende der 90er-Jahre funktionierte Trading basierend auf Nachrichtenmeldungen hervorragend. Wenn eine Investmentbank eine Internet-Aktie mit einer Kaufempfehlung versah, stieg der Kurs der Aktie innerhalb kürzester Zeit um oft zweistellige Prozentbeträge. Wenn ein Internetunternehmen die Meldung veröffentlichte, dass man einen Aktiensplit durchführen werde, bedeutete auch diese Meldung im Anschluss deutlich ansteigende Kurse. In Deutschland entdeckte die breite Öffentlichkeit das Thema Aktien. Die neuen Kleinanleger orientierten sich bei ihren Investmententscheidungen vornehmlich an Ad-hoc-Meldungen oder Börsenmagazinen. Oftmals enthielten die lancierten Ad-hoc-Meldungen keinerlei nennenswerten Informationsgehalt, dennoch wurde gekauft. Nach Tipps in Börsenmagazinen kam es kurzfristig oftmals zu exorbitanten Kursanstiegen. In 2000 endete der Bullenmarkt mit einem lauten Knall. Der breite Markt ging in einen phasenweise crashartig verlaufenden Bärenmarkt über. Kaufempfehlungen durch Investmenthäuser »funktionierten« plötzlich nicht mehr. In der Trader-Szene gab es den Slogan »shorting the analysts«. Bereits während des Bärenmarkts 2000 bis 2002 zeigte sich immer deutlicher, dass sich die verbliebenen aktiven Marktakteure zunehmend an Charttechnik orientierten. In den Börsenforen wurden plötzlich nicht mehr Unternehmensmeldungen und Analysten-Ratings diskutiert, sondern Trends, Formationen und Indikatoren-Setups. Der Erfolg von GodmodeTrader.de fußt auf diesem Trend. Dieses Portal ist das größte Trading-Info-Portal im deutschsprachigen Raum mit dem Schwerpunkt auf Technischer Analyse und professionellem Trading und Investieren. Es richtet sich mit Chart-Analysen neben professionellen Marktteilnehmern nun zunehmend auch an die breite Masse der Kleinanleger. Bei der Technischen Analyse wird der Kursverlauf, der Chart eines Basiswerts, ausgewertet. Ganz im Gegensatz zur fundamentalen Analyse, bei der das zugrunde liegende Unternehmen nach betriebswirtschaftlichen Kriterien analysiert wird. Der Punkt ist der, dass in einem Kursverlauf die konkreten Erwartungshaltungen aller Marktakteure enthalten sind. Man sieht darin die Erwartungshaltung des fundamental ausgerichteten Fondsmanagers ebenso wie die eines Kleinanlegers, der einfach aus dem »Bauch« heraus seine Anlageentscheidung getroffen hat. Bei der Einschätzung der Märkte ist von eminenter Wichtigkeit, dass die Erwartungshaltungen wirklich aller Marktakteure berücksichtig werden. Jeder kann Technische Analyse anwenden – auch und gerade der Kleinanleger. Für tief greifendes Fundamental-Research bedarf es einer langjährigen Ausbildung, einschließlich der Möglichkeit, möglichst direkten Zugriff auf interne Unternehmensinformationen zu erhalten, so wie es den großen Fondsgesellschaften möglich ist. Viele der Informationen, die der breiten Öffentlichkeit zugänglich sind, stellen lediglich eine Verpackung dar. Die entscheidenden Informationen sind nur durch gute Kontakte in die Unternehmen erhältlich. Anlageentscheidungen basierend auf Fundamental-Research sind darüber hinaus hauptsächlich auf mittel- bis langfristige Sicht zu sehen. Ganz anders Anlageentscheidungen, denen charttechnische Analysen zugrunde liegen. Mit charttechnischer Analyse lässt sich ausgezeichnet Intraday-Trading oder aber Trading auf Sicht mehrerer Tage und Wochen betreiben. Mit charttechnischer Analyse lässt sich effektiv Risikomanagement, also das Einsetzen ausgeklügelter Stopp-Loss-Systeme, anwenden. Mit charttechnischer Analyse lassen sich präzise Kauf- und Verkaufsmarken sondieren. Je präziser eine Einstiegsmarke ermittelt werden kann, desto höher kann auch der Hebel des einzusetzenden Trading-Vehikels gewählt werden.

Es gibt bereits unzählige Bücher zum Thema Chart-Technik. Der Leser wird sich fragen, wieso ein neues Buch erscheint. In seinem Chart-Technik-Leitfaden ist es Pierre Daeubner gelungen, die aus dem Universum der charttechnischen Analyse wirklich relevanten Punkte einfach verständlich darzustellen. Die entscheidenden Punkte bestehender Werke erhalten Sie kompakt zusammengefasst in diesem Leitfaden. Hinzu kommt, dass der Autor die unterschiedlichen Methoden an zahlreichen Chartbeispielen mit aktuellem Bezug demonstriert. Der Markt stellt ein dynamisches Geschehen dar, demzufolge befindet sich auch die Chart-Technik in einem ständigen Fluss. Flexibilität beim Einsatz der Methoden ist gefragt. Durch den aktuellen Bezug bringt Ihnen Pierre Daeubner den aktuellen Stand der Chart-Technik näher.

simplified

Vorwort

Der Börsenkurs verhält sich zur Wirtschaft wie der Hund zum Spaziergänger: Er läuft oft voraus, kommt aber immer wieder zurück.

– André Kostolany –

Die Akteure an den internationalen Finanzmärkten dieser Welt teilen sich einen Motivationsfaktor: Geld. Dieses Geld, sprich Gewinn, erwirtschaftet der Händler in der Regel dadurch, dass er sich entsprechend seiner Meinung über die künftige Marktentwicklung positioniert. Als Trader/Investor kauft man bestimmte Aktien, Rohstoffe, Anleihen, Devisen oder andere gehandelte Finanzprodukte, um seine Meinung zu Geld zu machen.

Doch wie bildet man sich eine korrekte Meinung über die künftige Marktentwicklung? Grob gesprochen haben sich die Börsianer bei dieser Frage in zwei Lager geteilt: »Fundamentalisten« und »Techniker«.

Der Fundamentale Analyst untersucht wirtschaftliche Zusammenhänge auf mikro- sowie makroökonomischer Ebene, um anhand dieser eine Annahme der Marktentwicklung zu bilden. Seine Analyse fußt unter anderem auf dem Leitzinssatz, den publizierten Geschäftsberichten oder der Qualität der Unternehmensführung. Seine persönliche Beurteilung von Signifikanz und Korrelation dieser Daten ist das Fundament seiner Meinungsbildung. Der Fundamentalist schließt somit von der vergangenen Entwicklung der Gesamtwirtschaft auf die künftige Entwicklung des Kapitalmarktes.

Der Technische Analyst hingegen konzentriert sich hauptsächlich auf die Kurshistorie der gehandelten Produkte. Er beobachtet unter anderem die Preisentwicklung der Finanzinstrumente, den Umsatz und die allgemeine Dynamik des Marktes. Die Technische Analyse verwendet somit die vergangene Entwicklung des Kapitalmarktes, um auf seine künftige zu schließen.

Zusammenfassend lässt sich somit sagen:
Der Fundamentalist verwendet die vergangene Entwicklung der Wirtschaft als Basis für die Prognose der Kapitalmärkte.

Der Techniker hingegen beobachtet und analysiert die vergangene Entwicklung der Kapitalmärkte, um deren Zukunft zu prognostizieren.

An dieser Stelle kommt das eingangs erwähnte Zitat von André Kostolany ins Spiel. Metaphorisch gesprochen konzentrieren sich die Fundamentalisten auf den Spaziergänger und die Techniker auf den Hund.

Jedoch liegt ein essentielles Problem darin begründet, dass die Bewegungsfreiheit des Tieres nicht einzuschätzen ist. Die Länge der Leine, wenn Sie so wollen, ist das variable Produkt der massenpsychologischen Übertreibungsphasen – sowohl nach oben als auch nach unten.

Langfristig muss die Börse also der Gesamtwirtschaft folgen. Der Haken an der Sache ist die Ungewissheit über den Zeithorizont und die aktuelle Länge der Leine. Die Devise muss somit lauten: Richten Sie Ihre Augen auf den Hund und nicht auf das Herrchen! Den Spaziergänger sollten wir aber dennoch nicht vollständig ignorieren. So mag zum Beispiel der Notenbank-Chef etwa von Zeit zu Zeit heftig an der Leine zerren. Diese Signale dürfen Techniker nicht unter den Tisch kehren!

Ziel dieses Buches ist es, Ihnen kurz und bündig die Verhaltensweise des Tieres, der Börse, näher zu bringen. Wer selbst einen Hund besitzt, weiß um den Umstand, dass man mit langjähriger Erfahrung den Hund besser zu verstehen vermag. Und das, obwohl er nicht unsere Sprache spricht. Wir wissen, wenn wir die Signale richtig deuten, wann er kränkelt, hungrig ist oder einfach nur übermutig spielen will. Sie werden Techniken erlernen, mit denen Sie die Signale der Börse in den Prozess der finanziellen Entscheidungsfindung einfließen lassen, und Sie werden lernen, wie Sie Ihre Entscheidung anschließend gewinnbringend umsetzen.

simplified

Einleitung

Für einen Technischen Analysten ist die Grundlage der Kursprognose der Markt selbst. Der Technische Analyst geht davon aus, dass die aktuellen Kurse bereits alle relevanten Fundamentaldaten und Markterwartungen beinhalten. Wenn wir diesen Gedanken weiterspinnen, ist es somit auch möglich, sich mit Hilfe geeigneter Interpretationsverfahren auf Basis der Kurs- und Umsatzverläufe richtig im Markt zu positionieren.

Mit anderen Worten: Unter Technischer Analyse versteht man die Beobachtung und Auswertung von historischen Kursverläufen und Umsätzen. Der Techniker verwendet Charts – die auch »Fieberkurven« genannt werden –, um seine Analysen zu erstellen.

Charts werden allerdings nicht nur zur Börsenanalyse verwendet. Auch in statistischen Auswertungen finden sie häufig Gebrauch – sei es, um das demographische Wachstum von Andorra, die durchschnittlichen Niederschlagswerte in Zimbabwe oder eben die Kursentwicklung eines Finanzinstruments grafisch darzustellen. Der Chart erlaubt dem Betrachter, die aufbereiteten Daten schnell zu erfassen und deren Zusammenhänge zu begreifen. In einem Chart sind Tausende von Datensätzen enthalten – ohne jeglichen Verlust der Übersichtlichkeit. Sogar das Gegenteil trifft zu: Durch eine bildliche Darstellung der Preisentwicklung wird die Übersichtlichkeit deutlich erhöht! Aufgrund des hohen Nutzwerts eines Charts stellt dieser die Basis der Technischen Analyse dar. Diese umfasst drei Subdisziplinen:

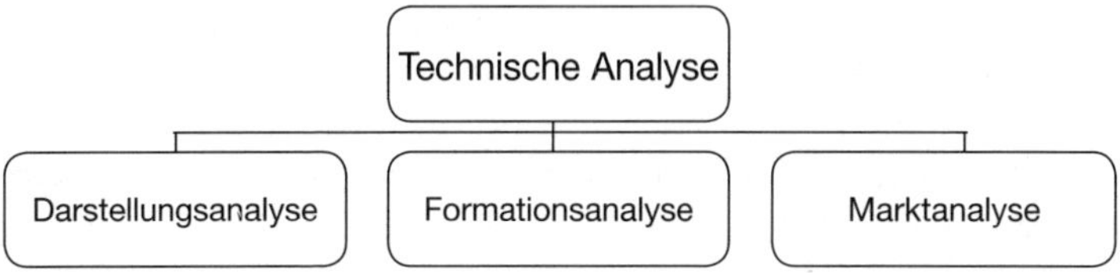

Die **Darstellungsanalyse** beschäftigt sich mit der Chart-Darstellung und deren spezifischen Signalen, wie etwa bei Kerzen- oder Point&Figure-Charts.

Die **Formationsanalyse** umfasst die Lehre der geometrischen Kursverläufe, wie z.B. Dreiecke oder Kopf-Schulter-Formationen. Anhand der Reputation gewisser Chart-Muster wird so der künftige Kursverlauf unter Aspekten der Wahrscheinlichkeit prognostiziert.

Mit den Techniken der **Marktanalyse** werden Trends sowie potenzielle Unterstützungs- und Widerstandszonen ermittelt. Des Weiteren werden bei der Marktanalyse mathematische Hilfsmittel, so genannte Indikatoren und Oszillatoren, in die Analyse mit einbezogen.

Die Technische Analyse, die wesentlicher Bestandteil des erfolgreichen Handelns ist, hängt von der effektiven Verschmelzung dieser drei Subdisziplinen ab. Wir werden im Laufe dieses Buches unsere Aufmerksamkeit auf die unterschiedlichen Darstellungsvarianten und deren individuellen Kauf- und Verkaufsignalregelungen lenken. Um nicht einseitig zu informieren, greifen bereits die einleitenden Grafiken der Darstellungsanalyse auf Techniken der Markt- und Formationsanalyse zurück, um gleich von Anfang an die Wichtigkeit des Zusammenspiels dieser drei Analysemethoden zu unterstreichen.

Seien Sie nicht entmutigt, wenn in den Charts Sachverhalte eingezeichnet sind, deren Hintergrund Sie nicht vollständig nachvollziehen können. Im Laufe des Buches werden Sie alle Techniken verstehen und anzuwenden wissen.

Um die theoretischen Sachverhalte zu demonstrieren, hat der Autor hauptsächlich auf reale Charts zurückgegriffen. Der Vorteil von echten Charts gegenüber idealisierten Charts liegt klar auf der Hand: der praktische Nutzen.

Warum Erfahrungen selbst teuer kaufen, wenn Sie sie in diesem Buch günstig »gebraucht« haben können?

simplified

Grundlagen der Technischen Analyse

Dieses Kapitel wird Ihnen die Grundlagen der Technischen Analyse vermitteln. In diesem Abschnitt werden verschiedene Chart-Darstellungsvarianten besprochen, die Natur von Trends erklärt und das Prinzip von Unterstützung und Widerstand aufgezeigt.

1 Der Chart

Der Chart ist der Ausgangspunkt der Technischen Analyse. Nur mithilfe eines Charts kann der Techniker eine Analyse erstellen – egal welcher Hilfsmittel er sich für seine Arbeit bedient. Bereits bei der Chart-Darstellung gibt es verschiedene Varianten. Diese umfasst folgendes Repertoire:

- Linien-Chart
- Balken- und Kerzen-Chart
- Point & Figure-Chart
- Renko-, Kagi-, und Three-Line-Break-Chart
- Equivolume- und Marketprofile-Chart

Wir werden uns der Übersichtlichkeit halber nur auf die gebräuchlichsten und effektivsten Chart-Arten konzentrieren. Im Anhang finden Sie weiterführende Quellen, damit Sie sich mit den weniger verbreiteten Chart-Darstellungsformen vertraut machen können.

Linien-Chart

Der Linien-Chart ist die simpelste Variante die Kursentwicklung eines beliebigen Finanzinstruments darzustellen. Auf der y-Achse wird der Preis und auf der x-Achse der Zeitverlauf eingetragen. Somit entsteht eine Mehrzahl an Punkten innerhalb eines Koordinatensystems, die mit einer durchgezogenen Linie verbunden werden.

Abbildung 1.1 Linien-Chart des DAX auf Ein-Stunden-Basis

In *Abbildung 1.1* sehen sie ein solches Beispiel. In diesem Fall wurde die Kursentwicklung des DAX (Deutscher Aktien Index) per Linien-Chart angezeigt. Sie sehen unten den Zeitraum (September 2004) und rechts die Preisentwicklung.

Die Einfachheit des Linien-Charts rührt von seiner Eigenschaft, lediglich einen Kurs-Input pro Zeitperiode verwerten zu können. Der Ausdruck »Zeitperiode« bezieht sich in diesem Fall auf den Intervall des Charts. Gängige Intervalle sind 1-, 3-, 5-, 15-, 30-, 60-Minuten-, Tages-, Wochen- oder Monats-Charts. Somit kann ein Linien-Chart, wie die meisten anderen

Charts auch, als Zeitfenster agieren. Dem Betrachter wird ausschließlich die gewünschte Kurshistorie einer frei wählbaren Zeitperiode angezeigt.

Die Crux an der Sache ist, dass wir pro Zeitperiode auf vier, meist unterschiedliche, Kursdaten zurückgreifen können: den Eröffnungs-, Höchst-, Tiefst- und Schlusskurs (OHLC – Open, High, Low, Close). Der Linien-Chart kann allerdings, wie oben erwähnt, nur einen Kurs-Input abbilden. In der Finanzbranche wird, außer anders angegeben, für die Erstellung eines Linien-Charts generell der Schlusskurs verwendet, da diesem die größte Relevanz zugesprochen wird. Auch in *Abbildung 1.1* wurde jeweils der Schlusskurs einer Stunde verwendet.

Da der Linien-Chart nur einen Kurs pro Zeiteinheit berücksichtigt, entfernt dieser jegliche kurzfristige Volatilität[1] aus dem Gesamtbild – ein eindeutiger Vorteil, um langfristige Entwicklungen klarer darstellen zu können. Der Linien-Chart spielt seine Stärke somit in größeren Betrachtungszeiträumen aus.

Was passiert nun allerdings, wenn Sie einen Linien-Chart im kurzfristigen Trading-Bereich verwenden? Gerade auf der kurzfristigen Zeitebene ist es wichtig, eine Chart-Art zu benützen, die Einblick in die OHLC-Daten gibt.

Balken-Chart

Der Balken-Chart – auch Bar-Chart genannt – wurde Ende der 50er-Jahre in den USA entwickelt und erfreut sich in Nordamerika bis heute größter Beliebtheit. Ein einzelner Balken entsteht, indem man den Tiefst- und den Höchstkurs einer Zeitperiode mit einem vertikalen Strich verbindet. Der Eröffnungskurs wird mittels einer kleinen horizontalen Linie links am Balken eingetragen, der Schlusskurs auf der gegenüberliegenden Seite.

Diese Chart-Darstellungsform zeigt auch die kurzfristige Schwankungsintensität auf. Der Balken-Chart stellt Volatilität und eventuelle Ungleichgewichte bei Angebot und Nachfrage detailliert dar. Zusätzlich sind bei Bal-

1 Die Volatilität ist eine mathematische Größe, die die Schwankungsintensität eines Finanzinstruments ausdrückt. Die Volatilität ist somit ein Maß für die Standardabweichung. Je volatiler ein Finanzinstrument ist, desto risiko-, aber auch chancenreicher ist es.

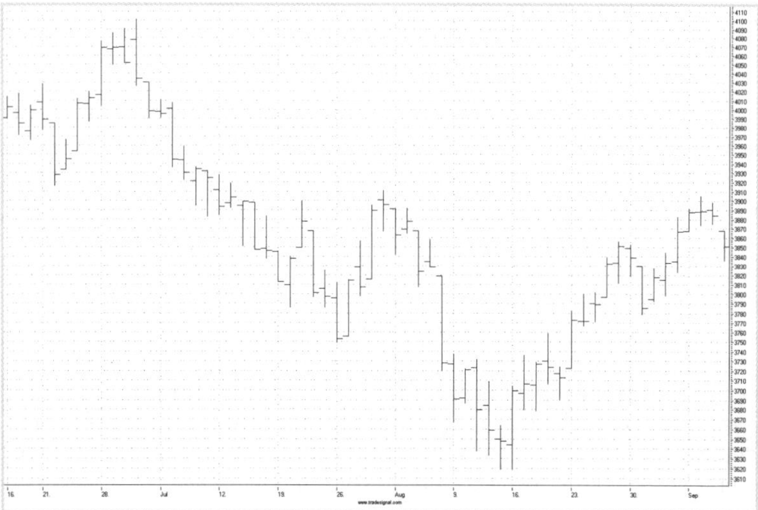

Abbildung 1.2 Balken-Chart des DAX auf Tagesbasis

ken-Charts Kurslücken (Gaps) erkennbar, die bei Linien-Charts schlicht übergangen werden. Da der Balken jede der vier OHLC-Kurse pro Zeiteinheit berücksichtigt, findet er im kurz- bis mittelfristigen Betrachtungshorizont seinen Anwendungsbereich.

Zusätzlich bieten die meisten Analyseprogramme eine Farbfunktion für die Generierung von Balken-Charts an. Um ein schärferes Bild des Marktes zu bekommen, werden die Balken eingefärbt. Liegt der Schlusskurs über dem Eröffnungskurs, ist der Balken schwarz. Liegt der Schlusskurs unter dem Eröffnungskurs, ist er rot. Für den seltenen Fall, dass Eröffnungs- und Schlusskurs auf dem gleichen Niveau liegen, wird der Balken in einer neutralen Farbe gezeichnet. Schon am farblichen Gesamtbild kann der Analyst rasch erkennen, ob der Markt steigt oder fällt.

Kerzen-Chart

Obwohl die Kerzen-Charts (Candlesticks) bereits im 17. Jahrhundert von Reishändlern in Japan verwendet wurden, hielten sie erst in den frühen 90er-Jahren in die westliche Analysewelt Einzug. Die Kerzen sind aufgrund ihres farbigen Körpers optisch besser zu erfassen als Bar-Charts. Wie bereits bei den oben beschriebenen Balken, werden auch bei den Kerzen Tiefst- und Höchstkurs mit einer vertikalen Linie verbunden. Der Eröffnungs- sowie der Schlusskurs werden ebenfalls berücksichtigt. Einzige Besonderheit im Vergleich zum Bar-Chart ist, dass über die Differenzspanne von Eröffnungs- und Schlusskurs ein Kerzenkörper eingetragen wird. Liegt der Schlusskurs über dem Eröffnungskurs (bullish), so ist die Kerze weiß. Im umgekehrten Fall (bearish) wird sie eingefärbt. Die verbleibenden Linien der Kerze werden Lunte, Docht oder auch Schatten genannt.

Schon einzelne Kerzen besitzen eine enorme Aussagekraft. Musterkombinationen bestehend aus zwei bis fünf Kerzen liefern gute Handelssignale. Diese speziellen Muster werden in einem späteren Kapitel erörtert.

Abbildung 1.3 Kerzen-Chart auf Tagesbasis

Nicht nur bestimmte Formationen lassen Rückschlüsse auf die Marktsituation zu. Auch die Länge der Lunten und der Körper sind wichtige Andeutungen auf die zukünftige Marktentwicklung. So zeigt eine lange, weiße Kerze eindeutig Marktstärke auf, wohingegen eine kleine, kaum wahrnehmbare Kerze meist auf Unentschlossenheit der Marktteilnehmer hindeutet.

Der entscheidende Vorteil der Candlesticks ist, dass sie früh auf Trendfortsetzungen, aber auch -wenden hindeuten. Außerdem sind die Kerzen aufgrund ihrer Simplizität schnell und einfach mit anderen Analysetechniken zu kombinieren. Einziger Wermutstropfen ist jedoch der breite Kerzenkörper, der nur eine geringe Anzahl an Kerzen übersichtlich auf einem Chart abbilden lässt. Deshalb sind die Kerzen hauptsächlich im kurz- bis mittelfristigen Bereich anzusiedeln.

Point & Figure-Chart

Die Point & Figure-Charts (PF) sind aus einem anderen Holz als die Balken- oder Kerzen-Charts geschnitzt. Der gravierende Unterschied ist, dass der PF ohne Zeitachse arbeitet. Point & Figure-Charts konzentrieren sich ausschließlich auf die Preisbewegung. Somit werden störendes Marktrauschen entfernt und ein deutliches Gesamtbild der Preisentwicklung gezeichnet.

Die PFs werden mithilfe so genannter Kolumnen an X's oder O's erstellt. Ein X steht für steigende, ein O für fallende Kurse. Jedes X bzw. O repräsentiert einen frei wählbaren Wert an Punkten, den das abgebildete Finanzinstrument überwinden muss, um eine Kursänderung (Kästchengröße) im Chart hervorzurufen. Das bedeutet, dass erst bei einem erfolgreichen Überwinden auf Schlusskursbasis der Kästchengröße ein neues X/O eingetragen wird. Um eine neue Kolumne (sprich eine Trendwende) hervorzurufen, muss eine Umkehrmenge erreicht werden. Diese Umkehrmenge entspricht normalerweise drei Kästchengrößen, ist aber ebenfalls frei wählbar.

Zusammenfassend heißt das: Es werden nur neue Marken im Chart eingetragen, solange sich der Kurs in einem gesunden Auf- oder Abwärtstrend befindet. Befindet sich das Instrument allerdings in einer Konsolidierungsphase, passiert charttechnisch gar nichts. Diese Art der Chart-Darstellung

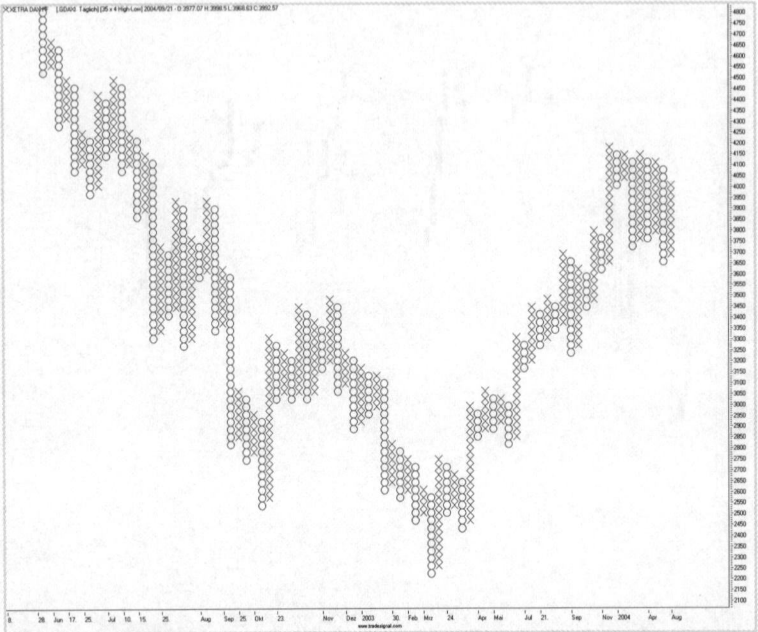

Abbildung 1.4 Point&Figure-Chart des DAX

genießt, wie auch die Kerzen- oder Linien-Charts, eine eigene Formationslehre, die an späterer Stelle abgehandelt wird.

Die PF-Charts eignen sich, entgegen der allgemeinen Meinung, hervorragend für kurzfristiges Trading. Man sollte allerdings eine akzeptable Kästchengröße wählen, um gewinnbringende Handelssignale für einen aktiven Handel zu erhalten.

Weiterführende Literatur:
»Sicher anlegen mit Point & Figure«, Thomas Dorsey,
FinanzBuch Verlag (2000), ISBN: 978-3-932114-38-0

Three-Line-Break-Chart

So wie der Kerzen-Chart eine Verbesserung gegenüber dem Bar-Chart darstellt, so verhält es sich zwischen dem PF-Chart und dem Three-Line-

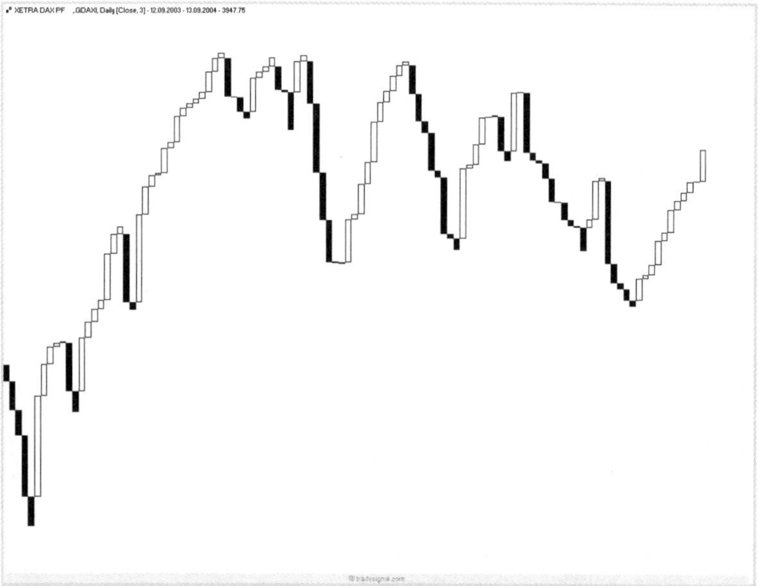

Abbildung 1.5 Three-Line-Break-Chart des DAX (Tages-Chart)

Break-Chart (TLBC). Der TLBC verwendet im Gegensatz zu den PF-Charts keine verankerten Regeln für eine Trendumkehr, sondern passt sich der Dynamik der Kurse automatisch an. Ein TLBC sieht wie aneinander gereihte Säulen aus. Diese Säulen sind von unterschiedlicher Höhe und Farbe. Eine weiße Säule repräsentiert steigende, eine schwarze fallende Kurse. Die Höhe der Säule gibt dem Trader Einblick in das Ausmaß der Kursbewegung.

Die Regeln, um diese Säulen fortzusetzen, sind erstaunlich einfach: Man zeichnet einen weißen Block, wenn der heutige Schlusskurs über dem gestrigen Vortageshoch liegt. Ein schwarzer Block wird eingetragen, sollte der heutige Schlusskurs das gestrige Tagestief unterbieten. Tritt keines der beiden oben genannten Szenarien ein, ist diese Handeleinheit zu vernachlässigen.

Ihren Namen trägt diese Darstellungsvariante aufgrund der definierten Umkehrformation und der Eigenschaft, Trendwenden aufzuspüren. Ist ein Trend stark genug, um drei weiße Blöcke hintereinander zu generieren – sprich der Schlusskurs notiert dreimal über dem Vortageshoch, ohne jedoch vorher unter dem Tagestief zu schließen –, so muss das Tief dieser drei Linien unterschritten werden, um eine Trendwende hervorzurufen. Der Kurs von drei weißen oder schwarzen Linien muss somit »durchbrochen« werden, um eine Trendwende zu signalisieren.

Renko-Chart

Der Renko-Chart vereint die Eigenschaften von Three-Line-Break- und Point & Figure-Charts. Der ausgefallene Name rührt von dem Wort »renga«, der japanischen Bezeichnung für Ziegel. Er verwendet schwarze und weiße Ziegel, um die Kursentwicklung grafisch darzustellen. Ein neuer Klinker wird erst eingetragen, sobald der vorhergehende Schlusskurs um eine bestimmte Boxgröße über- bzw. unterboten wird. Während beim TLBC ein einzelner Tick über dem Vortageshoch genügt, um eine neue Säule einzuzeichnen, schreibt der Renko-Chart einen fixen Punkteabstand zum gestrigen Schlusskurs vor. In dieser Eigenschaft ähnelt er somit stark dem Point & Figure-Chart.

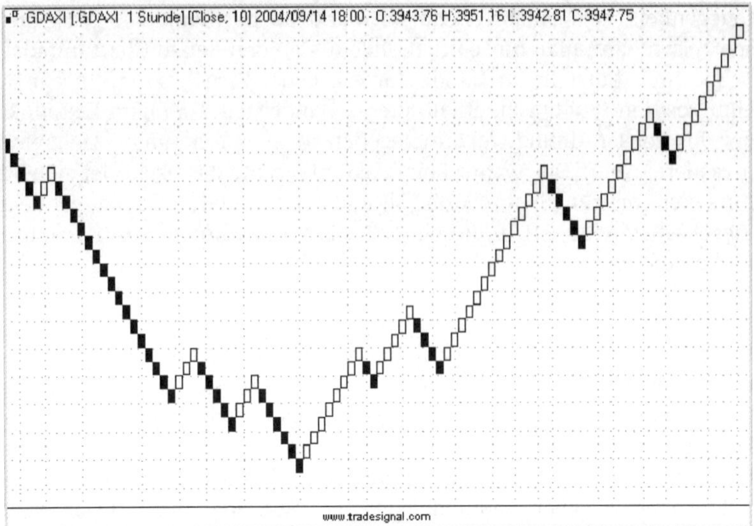

Abbildung 1.6 Renko-Chart des DAX

Der Renko-Chart ist eine der wenigen Chart-Darstellungsarten, die keine eigene Formationslehre besitzen. Er dient hauptsächlich der Trend(wende)erkennung und liefert gute Re-Entry- und Exit-Signale. Weiters sind Widerstands- und Unterstützungszonen mit einem Renko-Chart einfach aufzuzeigen. In engen Trading Ranges (Seitwärtsphasen) sollte auf den Einsatz der Renkos jedoch verzichtet werden, da Fehlsignale am laufenden Band generiert werden. Dem kann mit einem Trendfilter oder einer besser angepassten Boxgröße entgegengesteuert werden.

Nach oberflächlicher Betrachtung des Renko-Charts könnte man meinen, man habe die utopische Promenade zu schnellem Reichtum gefunden. Man brauche lediglich eine Position mit der Entstehung eines neuen Ziegels in die jeweilige Richtung zu eröffnen, um lange Trends zu antizipieren. Da die Blöcke selten »alleine« kommen, könnte man somit Verluste begrenzen und Gewinne laufen lassen. Doch bei regelkonformer Anwendung stolpert man schnell über ein Hindernis: In starken Trendphasen kann ein einziger Schlusskurs mehrere Boxen hervorrufen. Bevor somit das offizielle Signal entsteht, können bereits zwei, drei oder mehrere Ziegel eingezeichnet worden sein – und man hatte keine Gelegenheit, sich entsprechend im Markt zu positionieren. Doch diesen Felsen kann man umschiffen, indem man den Renko-Chart intraday beobachtet. Entsteht im Handelstag ein neuer Ziegel, so eröffnet man eine Position. Sollten innerhalb dieses Handelstages ab dem Zeitpunkt der Positionseröffnung weitere Ziegel entstehen, so hat man erfolgreich investiert. Aber: Die Wahrscheinlichkeit besteht, dass sich der höhere Kurs nicht bis zum Schlusskurs hält und per definitionem somit gar kein Ziegel entstanden ist! In diesem Fall wäre die eröffnete Position sofort zu liquidieren.

Kagi-Chart

Diese japanische Darstellungsvariante wurde um 1870 entwickelt. »Kagi« ist das japanische Wort für einen altertümlichen Schlüssel mit breitem Bart. Japanische Händler haben aufgrund einer gewissen optischen Ähnlichkeit den Kagi-Chart somit auch Schlüssel-Chart genannt. Kagi-Charts bestehen aus einer Aneinanderreihung von vertikalen Linien, die jeweils mit kleinen Häkchen verbunden werden. Aufgrund dieser Eigenschaft wird diese Chart-Art auch Haken- oder Hook-Chart genannt. Richtung sowie Stärke werden in direkter Abhängigkeit der Preisentwicklung einge-

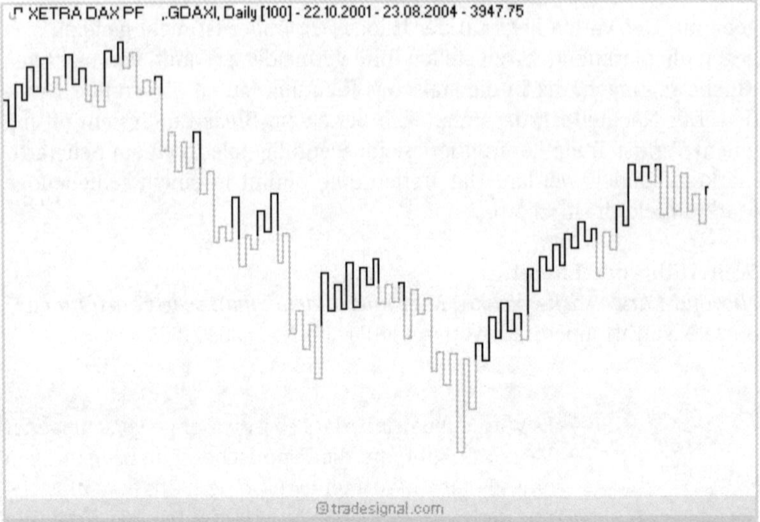

Abbildung 1.7 Kagi-Chart des DAX

zeichnet. Neben den Renko-, Point & Figure- und Three-Line-Break-Charts ist der Kagi-Chart somit die vierte Darstellungsvariante, die die Zeitentwicklung weitestgehend vernachlässigt und sich hauptsächlich auf die Schlusskursentwicklung konzentriert.

Die vertikalen Linien werden verlängert, solange sich die Kurse in eine bestimmte Richtung bewegen. Die Linien werden schwarz [dick] (bzw. rot [dünn]) eingezeichnet, sobald die Kurse neue Hochs (bzw. Tiefs) erreichen. Bei Kagi-Charts wird ebenfalls eine absolute Umkehrgröße definiert, die jene kleine Häkchen entstehen lässt, bevor die Richtung am Chart gewechselt wird. Allerdings nur insofern, als die Kurse um diesen bestimmten Betrag gefallen oder gestiegen sind, ändert sich das charttechnische Bild im Sinne einer Umkehrformation.

Da der Kagi-Chart nur dann eine neue Linie zeichnet, wenn neue Höchst- bzw. Tiefstkurse erreicht werden, handelt es sich in gewisser Weise um ein in sich geschlossenes Break-out-System – auch Trendfolgesystem genannt. Der Vorteil liegt auf der Hand: Der Trader ist nicht geneigt, sich gegen die Markttendenz zu stellen, und vermeidet es somit, von massiven Kursbewegungen, die in die »falsche« Richtung laufen, überrollt zu werden. Der Nachteil ist, dass man sich bei einem Break-out-System oft mit einem Verlust-Trade konfrontiert sieht, wenn Signale in einem Seitwärtsmarkt gehandelt werden. Die Trefferquote nimmt in einem schiebenden Marktumfeld drastisch ab.

Weiterführende Literatur:
»Beyond Candlesticks. Renko, Kagi und andere japanische Chartformen«, Steve Nison, Hoppenstedt-Verlag (2001), ISBN: 3820303855

simplified

Fazit

Es wurde illustriert, dass es jede Menge verschiedener Varianten gibt, um die historischen Kursbewegungen eines Finanzinstruments mit einem Chart zu illustrieren. Jede dieser Darstellungsvarianten hat Vor- und Nachteile. An späterer Stelle werden wir unser Augenmerk speziell auf die Eigenheiten der Candlestick-Charts richten.

2 Trends und Trendkanäle

Die Börse ist ein Marktplatz. Jeden Tag wechseln weltweit unzählige Wertpapiere, Devisen und Rohstoffe den Besitzer. Wovon hängt der Preis eines jeden gehandelten Finanzinstruments ab? Hier kommt das Prinzip von Angebot und Nachfrage ins Spiel: Übersteigt die Nachfrage einer Aktie deren Angebot, so wird der Kurs einer Aktie steigen. Umgekehrt gilt das Gleiche: Der Kurs einer Aktie fällt, wenn das Angebot die Nachfrage übersteigt. Die Börse ist somit nahezu ein perfekter Markt.

Wenn die Nachfrage das Angebot übersteigt, kommt es meist zu einem Domino-Effekt. Andere Marktteilnehmer »entdecken« den steigenden Chart eines Finanzinstruments und wollen auch ein Stückchen vom Kuchen haben – sie kaufen. Man könnte sagen, dass sich die Nachfrage selbst nach oben pusht. Auch in diesem Beispiel gilt das Gleiche umgekehrt: Fallen die Kurse, da sich manche Marktteilnehmer von ihren Wertpapieren trennen, so bekommen andere Börsianer Angst, bangen um ihr Geld und verkaufen ebenfalls. Ein Trend ist entstanden. Der Börsianer sagt dazu: »Die Hausse[2] nährt die Hausse, und die Baisse[3] nährt die Baisse«.

Summa summarum bedeutet das: Solange die Nachfrage überwiegt, befinden sich die Kurse in einem steigenden Trend. Solange das Angebot überwiegt, befinden sich die Kurse in einem Abwärtstrend. Halten sich Angebot und Nachfrage die Waage, pendeln die Kurse in einem Seitwärtstrend hin und her.

Dieses Verhalten der Kurse, sich in Trends zu bewegen, kann der Technische Analyst beobachten und für sich nutzen. Mithilfe diverser technischer Werkzeuge, wie unter anderem der Trendlinie und dem Trendkanal, ist es dem Akteur möglich, an diesen Kursbewegungen teilzuhaben – und daran Geld zu verdienen.

Die Trendlinie

Die Trendlinie ist eine der einfachsten, aber effektivsten Analysemethoden, die es gibt. Sie wird eingesetzt, um die Extrempunkte eines Trends zu markieren.

Arbeiten wir nun mit Trendlinien von einem praktischen Gesichtspunkt aus. Sie sehen in *Abbildung 1.8* einen Balken-Tages-Chart der BMW-Aktie. Anhand der dicken gestrichelten Linie erkennen Sie, dass eine Trendlinie immer die Extrempunkte von Kursbewegungen (so genannte Swings) miteinander verbindet.

Die Trendlinie hat eine gewisse Magie auf die Kurse: Die Kurse laufen immer wieder an diese Linie heran, können diese jedoch nicht überwinden. Die Kurse werden von der Trendlinie zwar wie von Geisterhand angezogen, doch sobald sie diese erreichen, werden sie auch schon wieder abgestoßen.

---

2 Hausse ist der allgemeine Ausdruck für ein Börsenumfeld im Aufwärtstrend. Die Kurse haussieren bzw. steigen.

3 Baisse ist das Gegenstück zur Hausse. In der Baisse befinden sich die meisten Finanzinstrumente eines Sektors in einem steten Abwärtstrend

Um eine Trendlinie zu konstruieren, muss zuerst ein klarer Startpunkt definiert sein. Dieser ist nach Möglichkeit der absolute Höchst- (bzw. Tiefst-)Kurs der abgebildeten Zeitperiode. In *Abbildung 1.8* ist dieser Punkt mit **Punkt 1** gekennzeichnet.

Punkt 2: Hier bilden die Kurse zum ersten Mal im neuen Abwärtstrend ein tieferes Hoch aus. Punkt 2 gibt uns eine erste Möglichkeit, eine Trendlinie einzuzeichnen.

Punkt 3: An diesem Punkt wird die Trendlinie bestätigt. Die Kurse laufen erneut an die Linie heran und brechen anschließend wieder in sich zusammen. Eine Trendlinie besitzt erst nach der dritten Berührung gewichtige Signifikanz. Punkt 3 ist ein idealer Zeitpunkt, um eine Short-Position[4] aufzubauen.

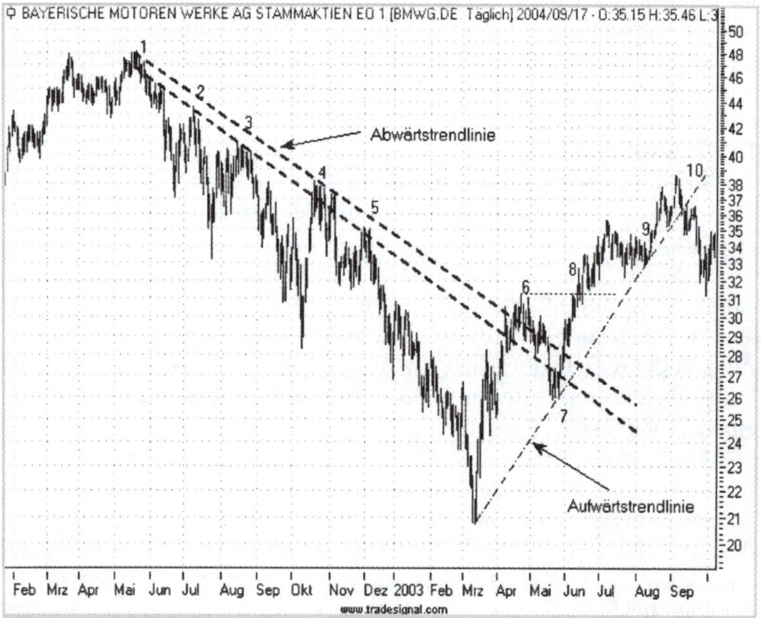

Abbildung 1.8 BMW im Abwärtstrend und Aufwärtstrend

4 Bei einer Short-Position wird ein Finanzprodukt leerverkauft: Das Produkt wird teurer verkauft, um es anschließend billiger zurückzukaufen. Der Händler profitiert somit von fallenden Kursen und verliert Geld, sobald die Kurse steigen.

Punkt 4: Bei Punkt 4 laufen die Kurse über die erste Trendlinie hinweg. Sie sollten jedoch immer einen kleinen Kanal, wie oben abgebildet, einzeichnen, um eventuelle False-Breaks zu umschiffen. An diesem Punkt sollten die Short-Positionen aufgestockt werden.

Punkt 5: Erneut werden die Kurse magisch von der Trendlinie angezogen. Als die BMW-Aktie das Preisniveau erreicht hatte, war die Abwärtstrendlinie ein unüberwindbares Hindernis. Die Kurse fielen wieder in sich zusammen. Erneut sollten Trades nur in Richtung des Trends gehandelt werden. Weitere Short-Positionen bieten sich an.

Punkt 6: Bei Punkt 6 werden die untere und die obere Trendlinie gebrochen. Die Abwärtstrendlinie hat aufgrund eines »Breaks« an Signifikanz verloren. Mit einer entsprechenden Bestätigung kann davon ausgegangen werden, dass der Abwärtstrend gebrochen ist. Short-Positionen sollten glattgestellt und »normale« Käufe von nun an präferiert werden.

Punkt 7: Dieser Punkt ist besonders signifikant. An Punkt 7 fungiert die gebrochene Abwärtstrendlinie als künftiger Unterstützungsbereich. Zusätzlich bildet Punkt 7 einen Anhaltspunkt für eine neue Aufwärtstrendlinie aus.

Punkt 8: Hier ergibt sich die erste gute Gelegenheit für eine Long-Position. Die Kurse haben das Hoch von Punkt 6 überboten und ein neues, höheres Hoch ausgebildet. Dies ist eine gute Bestätigung für den Bruch eines Abwärtstrends.

Punkt 9: Hier böte sich die Gelegenheit, Long-Positionen aufzubauen. Die neue Aufwärtstrendlinie ist an diesem Punkt bestätigt worden.

Punkt 10: Hier wird der Aufwärtstrend gebrochen. Etwaige offene Long-Positionen sollten geschlossen werden. Es empfiehlt sich abzuwarten, bis der Markt wieder klare Signale liefert.

Mithilfe dieser simplen Trendlinienmethode können Sie schnell erkennen, welcher der Haupttrend ist und wann dieser beginnt bzw. endet.

Handeln Sie stets in die Richtung des Haupttrends. Sie laufen sonst Gefahr, von einem fahrenden Güterzug überrollt zu werden. Eine alte Börsen-Maxime lautet: »The trend is your friend«. Erkennen Sie, wohin der Haupttrend zeigt, und positionieren Sie sich dementsprechend. Sonst wird aus einem guten Freund ganz schnell ein erbitterter Feind.

Interne Trendlinien

Trendlinien können nicht nur an Extrempunkten der Höchst- und Tiefstpunkte eingetragen werden. Das Konzept der internen (auch inneren) Trendlinien verbindet Punkte des Charts, die nicht sofort herausstechen.

Durch diese effiziente Technik kann der künftige Kursverlauf innerhalb eines übergeordneten Trends besser eingeschätzt und antizipiert werden. Dadurch wird das Risiko dezimiert, und die Chance auf Gewinne wird größer.

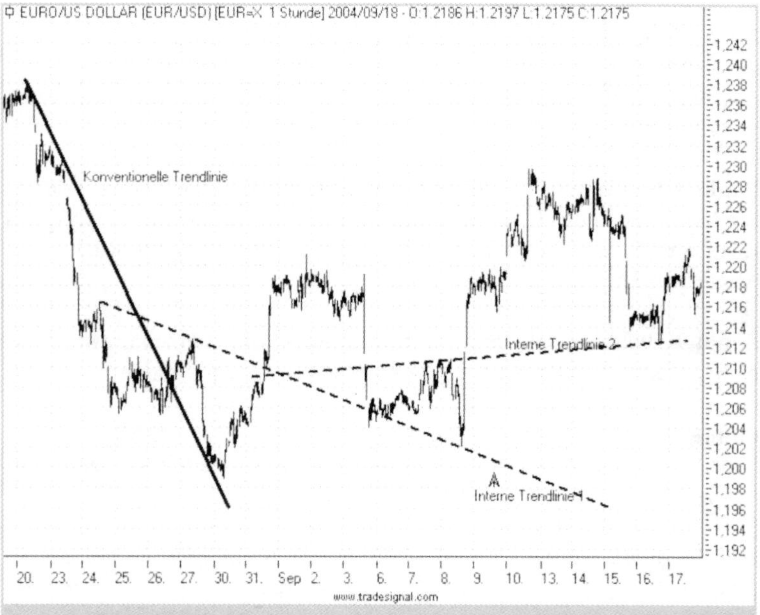

Abbildung 1.9 Euro in US-Dollar. Ein-Stunden-Chart mit internen Trendlinien

Links im Bild sehen Sie eine konventionelle (dicke und durchgezogene) Trendlinie. Am 26. September 2004 wurde der steile Abwärtstrend gebrochen. Die internen (gestrichelten) Trendlinien haben aber bereits auf eine Abschwächung des Trends hingedeutet.

Besonders interessant zu beobachten ist, dass die Trendlinien ihre Funktion umkehren. Ist eine Trendlinie gebrochen, werden die Kurse weiterhin von ihr magisch angezogen – prallen nun aber in die entgegengesetzte Richtung ab. Aufgrund dieser Eigenschaft der internen Trendlinien kann der Händler schnell erkennen, wann eine Long- und wann eine Short-Position zu bevorzugen ist.

Es gibt keinen mathematisch korrekten Ansatz, um interne Trendlinien zu ziehen. Theoretisch bieten sich unzählige Möglichkeiten, solche einzuzeichnen. Ein gewisses Maß an Subjektivität, oder vielmehr ein gesunder Hausverstand mit ein bisschen Erfahrung, werden Ihnen helfen, die relevanten Linien in einem Chart zu finden.

Der Trendkanal

Ein Trendkanal ist die Kombination und Verschmelzung von zwei konventionellen Trendlinien. Die erste Trendlinie fungiert weiterhin als Indikator für die Extrempunkte eines Trends. Die zweite Linie hingegen zeigt die Begrenzung des Potenzials dieses Trends auf. Betrachten wir dazu ein praktisches Beispiel:

Sie sehen in *Abbildung 1.10* einen Ein-Stunden-Chart des Xetra-DAX. Ein Trendkanal entsteht, wenn der Trendlinie des Aufwärtstrends eine Parallele hinzugefügt wird. Diese Parallele kennzeichnet den Widerstandsbereich. Laufen die Kurse in diesen Bereich hinein, ist die Wahrscheinlichkeit für eine Rückkehr zur Basis-Trendlinie hoch.

Praktisch bedeutet das, dass Sie in einem Aufwärtstrendkanal ausschließlich Long-Positionen handeln sollten. Diese Long-Positionen sollten reduziert bzw. geschlossen werden, sobald das Potenzial nach oben ausgeschöpft ist.

In der eben besprochenen *Abbildung 1.10* entdecken wir außerdem ein Paradebeispiel für eine effiziente Verschmelzung verschiedener Analy-

Abbildung 1.10 Xetra-DAX – Ein-Stunden-Chart mit interner Trendlinie

setechniken. Es wurde in dem Xetra-DAX-Chart zusätzlich eine interne Trendlinie eingezeichnet. Diese interne Trendlinie verläuft stellenweise knapp außerhalb der unteren Trendlinie.

Durch die Fusion beider Ansätze sehen wir den Bruch im unteren Teil des Kanals Anfang September gelassen. Die interne Trendlinie verrät uns: Obwohl die Kanallinie gebrochen wurde, wird eine weitere Linie die Abwärtsbewegung auffangen.

Der Seitwärtstrend

Der Seitwärtstrend ist eine spezielle Form von Trend. Er ist besonders auf kurzfristigen Zeitebenen oft anzutreffen. In einem Seitwärtstrend – auch Schiebezone oder Trading-Range genannt – fluktuieren die Kurse stetig zwischen zwei konstanten Kursniveaus.

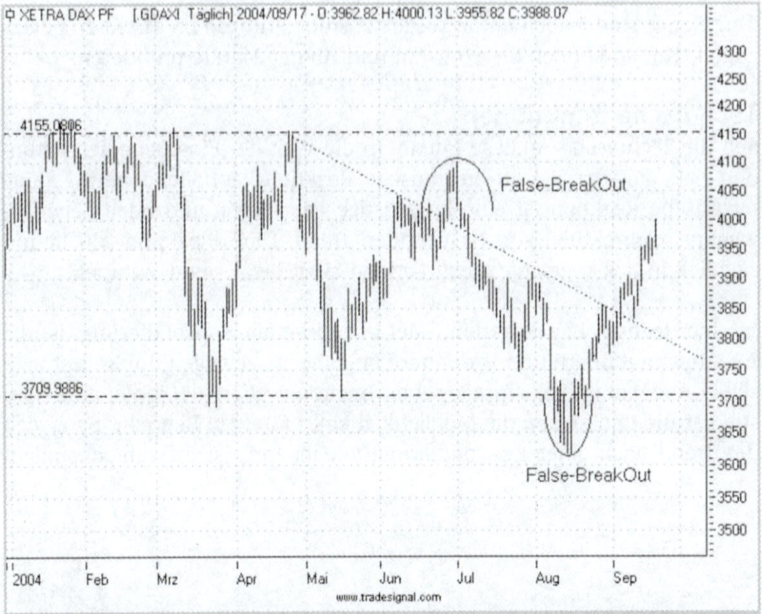

Abbildung 1.11 Xetra-DAX-Tages-Chart

Abbildung 1.11 zeigt ein aktuelles Beispiel einer Trading-Range: die Xetra-DAX-Entwicklung im Jahr 2004. Die Kurse pendelten innerhalb einem unteren und einem oberen Begrenzungsbereich. In diesem Fall lagen diese beide Marken bei ~3.700 bzw. ~4.150 Indexpunkten.

Angebot und Nachfrage gleichen sich in dieser Situation aus, und es kommt zu einer Patt-Stellung. Die Schiebezone ist so lange gültig, bis die Kurse sie längerfristig verlassen konnten. Wird der Seitwärtstrend überschritten, ist das als charttechnisches Kaufsignal zu werten; wird der Seitwärtstrend unterschritten, handelt es sich um ein Verkaufsignal.

In einem Seitwärtstrend hat sich der Händler anders als in einem normalen Trend zu verhalten. In einem Auf- bzw. Abwärtstrend sollte der gewiefte Trader nur Positionen in die Trendrichtung handeln. Innerhalb einer Trading-Range sind jedoch antizyklische Positionierungen im Markt zu bevorzugen. Nur so können Sie vom Auf und Ab der Märkte profitieren.

Technische Reaktionen

Seit die Technische Analyse Einzug in die Welt der Finanzmedien gefunden hat, fällt der Begriff »technische Reaktion« auffallend häufig. Eine technische Reaktion ist eine kurzfristige Pausierung und/oder Gegenbewegung zum aktuell vorherrschenden Trend. Diese Reaktion tritt hauptsächlich in zwei verschiedenen Formen auf: Flaggen und Wimpel.

In einer technischen Reaktion, oder auch in einer Konsolidierung, ist die Anzahl von Käufern und Verkäufern beinahe ausgewogen. Im Kampf zwischen Angebot und Nachfrage sehen »nicht investierte« Händler eine Konsolidierung und ziehen die Möglichkeit eines Kaufs in Betracht. Setzt sich der Trend nach einer Konsolidierung wieder fort, ist es wahrscheinlich,

Abbildung 1.12 Siemens-Tages-Chart im Aufwärtstrend

dass nun neue Käufer in den Markt kommen und dadurch der vorherrschende Trend beschleunigt wird.

Im Fall von Siemens herrscht ein allgemeiner Aufwärtstrend vor. Dieser Trend nach oben beschleunigt sich sogar – dies ist mit ansteigenden gestrichelten Trendlinien aufgezeigt. Ein erfahrener Händler bevorzugt in diesem Marktumfeld Long-Positionen.

Kommt es nun zur technischen Gegenreaktion, wie die vielen oben abgebildeten Flaggen, nutzen wir diese, um eine günstige Position im Markt zu erwerben. Eine Flagge zeichnet sich dadurch aus, dass sie die Form eines Mini-Trendkanals besitzt. Des Weiteren richtet sich die Flagge meist entgegen die primäre Trendrichtung. Ein Wimpel trägt die Form eines Wimpels und läuft spitz zusammen.

Die meisten technischen Gegenreaktionen haben eine Charaktereigenschaft gemeinsam: Der Ausbruch der Kurse aus der Formation erfolgt in Richtung des primären Trends. Lassen Sie sich von einer technischen Gegenreaktion deshalb nicht irritieren – eine technische Reaktion ist im Regelfall nur kurzfristiger Natur.

3 Unterstützung und Widerstand

Im letzten Kapitel wurden Trends und ihre Erscheinungsarten behandelt. Wir haben gelernt, Trends zu erkennen und sie bestmöglich zu antizipieren. Ein weiteres wichtiges Konzept für den erfolgreichen Handel an der Börse ist das Prinzip von Unterstützung und Widerstand.

Das Prinzip von Unterstützung und Widerstand ist denkbar einfach. Verlaufen die Kurse eines bestimmten Finanzinstruments über einen längeren Zeitraum auf einem bestimmten Preisniveau, so spricht man von einer Bodenbildung.

Wird eine Unterstützungs- bzw. eine Widerstandszone von den Kursen gebrochen, so dreht sich deren Funktion um, sprich: Das Unterstützungsniveau wird zum Widerstand und umgekehrt.

Abbildung 1.13 Xetra-DAX-30-Minuten-Chart

Abbildung 1.13 kombiniert Trendlinien mit dem Konzept von Unterstützung und Widerstand. Es handelt sich bei dieser Abbildung um einen 30-minütigen Intraday-Chart des Deutschen Aktien Index.

Punkt 1: Hier bildet sich ein erster Boden aus. Um das Kursniveau von 3.875 hat sich somit eine Unterstützung herauskristallisiert. Die Unterstützung hat nicht lange gehalten und wurde durch ein Overnight-Gap gebrochen.

Punkt 2: Da die Unterstützung nachhaltig gebrochen wurde, fungiert sie nun als Widerstand. Genau das passiert an Punkt 2: Die Kurse beißen sich an dem Preisniveau von 3.875 die Zähne aus.

Punkt 3: An diesem Punkt hat sich eindeutig eine Aufwärtstrendlinie gebildet. Es werden nur noch Signale für Long-Positionen beachtet.

Punkt 4: Auf dem Niveau von 3.925 hat sich erneut eine Unterstützung ausgebildet. Knapp unter dieser Marke können wahrscheinlich lukrative Long-Positionen fußen.

Punkt 5: Jetzt wird es gefährlich. Der Markt bildet zum ersten Mal im frischen Aufwärtstrend einen Widerstand auf. Dieser liegt in der Preiszone zwischen 3.950 und 3.955. Zusätzlich entwickelt sich eine untergeordnete Abwärtstrendlinie.

Punkt 6: Der wichtigste Punkt in diesem Chart. Hier schneidet sich die Aufwärtstrendlinie mit der neuen Abwärtstrendlinie – und das alles auf dem Unterstützungsniveau von 3.925. Hier wird eindeutig eine Long-Position eröffnet.

Punkt 7: Die Long-Position wurde mit dem Bruch alter Widerstands-Levels mehr als bestätigt. Risikofreudige Anleger würden die Long-Position an Punkt 7 vielleicht sogar vergrößern.

Punkt 8: The trend really is your friend. Das alte Zwischenhoch wurde überboten, und die Long-Position liegt schon im tiefgrünen Bereich.

Die Magie der runden Zahlen

Wenn Sie mit Levels von Unterstützung und Widerstand handeln, beachten Sie stets die Kursniveaus von runden Zahlen. Viele Händler und Investoren ziehen das Erreichen von runden Zahlen im Kursverlauf in ihre Entscheidungsfindung ein.

In der Abbildung der SAP-Aktie auf der nächsten Seite sehen Sie anhand der kleinen Kreise, wie oft die Kurse an runde Kurs-Levels heranlaufen, nur um diese anschließend wieder zu verlassen.

Abbildung 1.14 SAP-Tages-Chart mit »runden« Kurs-Levels

Chart-Analyse

Candlesticks

Der Candlestick-Chart ist, wie eingangs bereits besprochen, eine der ältesten Darstellungsvarianten und wurde bereits im 17. Jahrhundert im entfernten Japan für Kursprognosen verwendet. Wir wollen unsere Aufmerksamkeit jedoch nicht auf die geschichtliche Entwicklung der Kerzentechnik richten, sondern uns vielmehr auf die praktische Konstruktion sowie die Formationslehre und deren gewinnbringende Anwendung konzentrieren.

Sie werden schnell erkennen, dass fast alle Formationen der Kerzentechnik eigenartige Namen haben. Die Namensgebungen haben meist einen militärischen Ursprung, da die Candles in einer kriegerischen Feudal-Ära entwickelt wurden. Es ist keineswegs notwendig, diese ausgefallenen Namen auswendig zu lernen, um die Kerzentechnik erfolgreich anzuwenden. Wichtiger sind die Formationen an sich – und zu lernen, sie praktisch anzuwenden. Durch häufigen Einsatz der einzelnen Formationen werden Sie sich deren Namen ohnehin mit der Zeit einprägen.

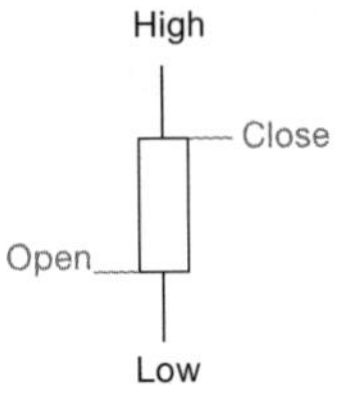

Konstruktion von Kerzen

Eine Kerze benötigt vier Kursdaten pro Zeitperiode, um regelkonform gezeichnet zu werden. Dabei wird in den Differenzbereich zwischen Eröffnungs- und Schlusskurs ein breiter Kerzenkörper eingetragen. Die Farbe dieses Körpers hängt von der Marktverfassung ab. Liegt der Schluss- über dem Eröffnungskurs, ist der Markt also gestiegen, so ist die Kerze weiß. Ist das Gegenteil eingetreten, der Markt also gefallen, so wird der Kerzenkörper schwarz ausgemalt.

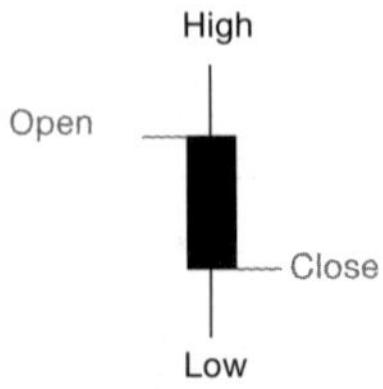

Doji

Liegen der Eröffnungs- und der Schlusskurs auf demselben Preisniveau, entsteht eine Kerze ohne Körper. Diese besondere Kerze wird Doji genannt. An einem Doji erkennt der Anleger, dass die Marktteilnehmer in dieser Zeitperiode unentschlossen waren. Die Schlacht zwischen Bullen und Bären, wenn man so will, konnte keinen klaren Sieger hervorbringen und endete in einem Unentschieden.

Umkehrsignale

Das Interessante an Umkehrsignalen ist, dass sie eigentlich keine sind. Tritt eines dieser Signale auf, ruft es nicht zwingend eine Trendwende auf den Plan. Viel eher sind es Pausier- oder Warnsignale. Befindet sich zum Beispiel eine Aktie in einem intakten Aufwärtstrend, und es tritt ein Kerzenumkehrsignal auf, so handelt es sich nicht automatisch um die beste Gelegenheit (leer) zu verkaufen. Warum? Sie handeln gegen den Trend! Betrachten Sie dieses Signal viel eher als ein Signal, ihre laufende Long-Position glattzustellen.

Aber wenn Sie bis zu diesem Zeitpunkt noch nicht investiert waren und eigentlich nach einer Einstiegsgelegenheit suchten? In diesem Fall ist eine seltene Tugend gefragt: Geduld. Die Aktie könnte in ein Seitwärtsgeschiebe fallen, um anschließend ihren Trend wieder fortzusetzen. Aus diesem Grund sollten Sie Umkehrsignale nur dann handeln, wenn sie in Richtung des Haupttrends zeigen. Sollte dies nicht der Fall sein, laufen Sie womöglich Gefahr, sich zu weit aus dem Fenster zu lehnen.

Hammer

Kanazuchi

Muster	Umkehrsignal
Trend	Down
Trefferquote	Gut
Anzahl	1
Frequenz	Häufig

Der Hammer ist, neben dem auffallenden Doji, eine der bekanntesten Kerzenformationen. Jedoch ist ein Hammer nur in einem Abwärtstrend als solcher zu werten. Tritt er in einer trendlosen Phase auf, ist er gänzlich ohne Bedeutung. Erscheint diese Formation in einem Aufwärtstrend, wird sie Hanging-Man genannt.

Der Hammer ist eine Kerze mit einem kleinen Körper am oberen Ende und einem langen unteren Schatten. Nach offizieller Definition muss der Schatten mindestens doppelt so lang sein wie der Körper selbst. Oberhalb des Körpers sollte sich keine Lunte befinden. In vielen Fällen wird hingegen ein kleines Stückchen Docht herausragen. Dieser Umstand ist zu vernachlässigen, wenn es sich nur um eine geringe Abweichung von der Standarddefinition handelt.

Die Marktpsychologie, die sich hinter der Hammerformation verbirgt, ist erstaunlich simpel: Nach einem Abwärtstrend markiert der Markt zunächst neue Tiefpunkte. Die Kerze ist vor der Vollendung der Zeitperiode tiefschwarz. Doch der Kursverlauf scheint an diesem Tiefpunkt einen Boden gefunden zu haben, und das Marktumfeld beginnt sich zu drehen. Die Kurse laufen wieder nach oben, und die Kerze schließt mit einem langen Schatten und einem kleinen Körper.

Aus dieser kleinen Anekdote lässt sich ableiten, dass die Farbe des Kerzenkörpers in der Hammerformation nicht von Bedeutung ist. Die Aufwärtskraft ist bei einem weißen Körper jedoch dominierender als bei einem schwarzen Körper. Das ist durchaus einleuchtend, da in einer einzelnen Kerze bereits der Eröffnungskurs überwunden werden konnte und die Trendumkehr wahrscheinlicher wird.

Abbildung 2.1 zeigt einen Tages-Chart der BMW AG über einen Zeitraum von knapp vier Monaten. Die gestrichelte Linie signalisiert einen gesunden Aufwärtstrend. Daraus schließt der aufmerksame Trader: Solange die Kurse oberhalb dieser Trendlinie notieren, werden nur Positionen in Trendrichtung eröffnet. Somit wird von Short-Positionen abgesehen und das Augenmerk ausschließlich auf etwaige Long-Signale gerichtet.

Betrachten wir nun *Abbildung 2.1* genauer. Zunächst wurde ein Kursverfall durch einen Doji gebremst (März 2004). Da es sich um keinen reinen Hammer handelte und die Trendrichtung noch nicht vorgegeben war, wurde hier keine Position eröffnet. Erst die beiden Hämmer, die Mitte Mai

Abbildung 2.1 BMW-Tages-Chart

auftraten, signalisierten die Trendrichtung und erlaubten das Einzeichnen der Trendlinie. Die Trendlinie wurde zu Beginn und zum Ende des Monats Juni erneut getestet und zeigte sich als stabil und solide. In der Praxis bedeutet das für den Anleger, dass er bei einem erneuten Hammer (oder einem anderen Signal) in der Nähe der Unterstützung des Aufwärtstrends eine Long-Position eröffnet. Dies geschieht Ende Juli bei einem Kursniveau von 35,00 Euro je Aktie.

Sie sollten einen Hammer keineswegs unüberlegt handeln. Beachten Sie vor der Eröffnung einer Position unbedingt das technische Gesamtbild sowie die generelle Trendrichtung des Instruments. Erst wenn alle Ampeln grün leuchten, ist eine entsprechende Positionierung wünschenswert. Wer bei Rot über die Kreuzung fährt, kommt möglicherweise schneller ans Ziel – vielleicht aber auch gar nicht.

Hanging-Man

Kubitsuri

Muster	Reversal
Trend	Up
Trefferquote	Befriedigend
Anzahl	1
Frequenz	Häufig

Der Hanging-Man (HM) hat dieselbe Kerzenform und die gleichen Eigenschaften wie der Hammer. Einziger Unterschied ist der vorausgehende Trend der Formation. Beim »Gehängten« ist es ein Aufwärtstrend anstatt eines Abwärtstrends wie beim Hammer. Somit ist die Namensgebung für diese Kerzenformation einzig und allein vom vormaligen Trend abhängig. Der H-M ist somit ein Umkehrsignal für einen haussierenden Markt und signalisiert stagnierende oder sinkende Kurse.

Die »Deutsche Post AG« hat in *Abbildung 2.2* auf Tagesbasis zwei kleine Hanging-Men (kleines Rechteck) ausgebildet. Der graue Pfeil zeigt uns, dass sich die Aktie in einem sekundären Aufwärtstrend befindet. Der primäre Aufwärtstrend ist schwarz eingezeichnet und orientiert sich an Kursdaten, die nicht vollständig abgebildet sind.

Den oben markierten Hanging-Man sollten Sie jedoch nicht handeln, da Sie sich sonst gegen den primären sowie den sekundären Aufwärtstrend stellen. Der Gehängte ist in diesem Fall auf ein Warnsignal zu reduzieren, um eventuell bestehende Long-Positionen einzudecken.

Betrachten wir anhand eines frei erfundenen Fallbeispiels die Psychologie der Marktteilnehmer hinter *Abbildung 2.2*: Ende September 2003 beginnt der sekundäre Aufwärtstrend aufgrund guter Unternehmensnachrichten und eines zirkulierenden Gerüchts über eine hervorragende Produktinnovation. Knapp drei Handelswochen befindet sich die Aktie nun in einem haussierenden Zustand. Am 14. Handelstag drücken jedoch erste Gewinnmitnahmen den Kurs unter den Eröffnungskurs des Handelstages. Dessen ungeachtet konnten die Bullen den Markt im Verlauf des Tages jedoch durch weitere Zukäufe stützen und hoben den Kurs der Post AG bis Handelsschluss erneut in die Nähe alter Höchststände. Am darauf fol-

Abbildung 2.2 Deutsche Post AG mit Hanging-Man

genden Tag wird dasselbe Spiel erneut gespielt, doch die Baissiers gewinnen an Kraft. Der Markt stellt einen weiteren Hanging Man auf. Hier blinken alle Warnlampen! Der nächste Handelstag könnte bereits ein den Trend umkehrendes Signal liefern, das schließlich auch eintritt.

Der Hanging-Man hat nach einer Aufwärtsbewegung nicht die gleiche Zuverlässigkeit wie der Hammer in einer Abwärtsbewegung. Deswegen sollten Sie bei einem HM immer eine klare Bestätigung abwarten, bevor Sie eine Position aufgrund eines HM eröffnen. Kerzentechnisch sind folgende drei Bestätigungen sinnvoll:

A. Der auf den Hanging-Man folgende Handelstag öffnet unter dem H-M-Körper.
B. Der auf den Hanging-Man folgende Handelstag schließt unter dem H-M-Körper.

C. Der auf den Hanging-Man folgende Handelstag unterschreitet die H-M-Lunte innerhalb des Handelstages.

Inverted Hammer

Tohba boshi

Muster	Reversal
Trend	Down
Trefferquote	Mangelhaft
Anzahl	1
Frequenz	Selten

Der verkehrte Hammer (vH) ist ein seltenes Umkehrsignal nach einem Abwärtstrend. Er besitzt die umgekehrten Charaktereigenschaften des Hammers: ein kleiner Kerzenkörper am unteren Ende, mit langem Docht ohne (oder mit vernachlässigbarem) Schatten. Der verkehrte Hammer hat, isoliert betrachtet, eine schwache Aussagekraft. Das bedeutet, dass der verkehrte Hammer nur mit einem entsprechenden Bestätigungssignal gehandelt werden sollte. Des Weiteren sollten Sie aufgrund der schwachen Prognosefähigkeit dieser Formation stets in Richtung des primären Trends handeln. Die Farbe des Kerzenkörpers ist nicht vorgeschrieben, allerdings lassen weiße Kerzen auf einen stärkeren Markt schließen.

Shooting-Star

Nagare boshi

Muster	Reversal
Trend	Up
Trefferquote	Gut
Anzahl	1
Frequenz	Mittelmäßig

Der Shooting-Star verhält sich zum Inverted-Hammer wie der Hammer zum Hanging-Man. Das bedeutet, dass die Kerzenform an sich dieselbe ist, der vorausgehende Trend jedoch ein anderer. Der Shooting-Star, der auch Sternschnuppe genannt wird, tritt in einem Aufwärtstrend auf. Diese Kerzenformation ist ein Zeichen für eine sich abschwächende Aufwärtsbewegung und visualisiert mögliches Korrekturpotenzial. Die Farbe des Kerzenkörpers ist vorzugsweise Schwarz.

Beachten Sie, dass der Shooting-Star laut Lehrbuch ein Up-Gap benötigt. Erfahrungswerte sowie computer-gestützte Testergebnisse zeigen allerdings eine ebenso gute Trefferquote, wenn die Formation ohne ein Up-Gap erscheint. In jedem Falle ist auch bei dieser Kerzenformation eine Bestätigung unentbehrlich, da Sie sonst Gefahr laufen, vom vorherrschenden Trend überrollt zu werden.

Der Shooting-Star tritt häufig im Intraday-Handel auf, da es auf der kurzfristigen Zeitebene starke und schnelle Trendwechsel gibt. Um diesen

Abbildung 2.3 Xetra-DAX-15-Minuten-Chart

Umstand zu verdeutlichen, sehen Sie in *Abbildung 2.3* einen Xetra-DAX-Chart auf 15-Minuten Basis, der mehrfach Sternschnuppen ausgebildet hat. Beachten Sie, dass aufgrund der Schnelllebigkeit im Intraday-Handel die Gesetze der Technischen Analyse so wenig verschwommen sind. Deshalb entspricht nicht jeder abgebildete Shooting-Star den Idealbedingungen.

In *Abbildung 2.3* sehen Sie, dass der DAX eine klare Unterstützung auf 3.878 hat, zusätzlich jedoch einen sekundären Aufwärtstrend. Bei Punkt 1 laufen die Kurse an den sekundären Aufwärtstrend heran. Die Nachfolgekerze hält auch sofort eine Bestätigung bereit. Bei Punkt 2 wird die Position aufgrund eines weiteren Shooting-Stars aufgestockt. Selbiges passiert auf Punkt 3.

Es dauerte nicht lange, und die angekündigte Marktschwäche trat in geballter Form auf den Plan. Innerhalb einer Handelsstunde verlor der DAX mehr als 25 Punkte (0,65%). Die Short-Position sollte auf dem Unterstützungsniveau wieder geschlossen werden.

Achten Sie auch bei einem Shooting-Star stets darauf, sich nicht gegen den vorherrschenden Trend zu stellen, und setzen Sie Ihre Stopps eng, wenn Sie antizyklisch handeln.

Bullish-Engulfing-Pattern

Tsutsumi

Muster	Reversal
Trend	Down
Trefferquote	Gut
Anzahl	2
Frequenz	Häufig

Ein Bullish-Engulfing-Pattern tritt nach einem Abwärtstrend auf und gibt erste Anhaltspunkte auf eine eventuelle Trendabschwächung bzw. -wende. Diese Formation definiert sich dadurch, dass der Körper der weißen Kerze den Körper der vorhergehenden schwarzen Kerze umschließt. Die Schatten beider Kerzen sind zu vernachlässigen. Allerdings sind die

Farben der Kerzenkörper zu beachten: Die erste Kerze muss schwarz ausgefüllt sein, die Körperfarbe der zweiten Candle muss Weiß sein.

Um den ersten Kerzenkörper vollständig umschließen zu können, muss die zweite Kerze mit einem Down-Gap eröffnet haben. Das Gap ist aber nicht zwingend notwendig für diese Formation. Speziell im Intraday-Bereich (z.B. Fünf-Minuten-Charts) und bei besonders liquiden Finanzinstrumenten (z.B. Devisen) werden selten bis nie Kurslücken entstehen. Ist kein Gap aufgetreten, sollte der Schlusskurs der schwarzen Kerze mit dem Eröffnungskurs der weißen Candle nahezu identisch sein, um von einem Bullish-Engulfing-Pattern ausgehen zu können.

In *Abbildung 2.4* sehen Sie den US-Technologie-Index NASDAQ-100 (NDX) auf wöchentlicher Basis berechnet und abgebildet. Betrachten wir nun den Kursverlauf des NDX genauer. Nachdem zwei wichtige Unter-

Abbildung 2.4 Dreifaches Bullish-Engulfing-Pattern im NASDAQ-Wochen-Chart

stützungsmarken (Support 1 und Support 2) durchbrochen wurden, befindet sich der Index in einem steilen, aber gesunden Abwärtstrend.

Im Juli 2002 bildete sich ein erstes Bullish-Engulfing-Pattern aus (erste Ellipse). Der NASDAQ befindet sich jedoch weiterhin in einem intakten Abwärtstrend, ergo eröffnen wir nicht blindlings eine Long-Position, sondern warten eine Bestätigung ab. Wir beobachten das Kursgeschehen von der Seitenlinie aus und legen einen Buy-Trigger auf das Hoch der weißen Kerze. Bereits die darauf folgende Kerze spült uns in eine Long-Position hinein, und wir können erste Buchgewinne verzeichnen.

Zu unserem Missmut bildet sich bereits in der nächsten Handelswoche knapp unterhalb der Abwärtstrendlinie ein Shooting-Star aus. Kein gutes Zeichen! Wir reagieren, indem wir den Stopp-Loss nun auf Einstandsniveau platzieren. Das bedeutet: Sollten die Kurse nach unten abdrehen, so wird die Position mit null Gewinn und null Verlust glattgestellt. Der Ausstiegspreis ist gleich dem Einstiegspreis. Es geht Schlag auf Schlag, und die nächste Woche wirft uns aus dem Trade – wir wurden ausgestoppt.

In dem vertikalen Rechteck sehen Sie einen Hammer, der möglicherweise einen Boden abtastet. Doch der Shooting-Star rechts neben dem Hammer egalisiert den Hammer, und der NDX befindet sich kerzentechnisch in einer Patt-Stellung. Da auch das Bullish-Engulfing-Pattern seine Wirkungskraft verloren hat und die Kurse weiterhin im Abwärtstrend laufen, ist es zu diesem Zeitpunkt nicht legitim, von einer Kurserholung auszugehen.

Der Oktober 2002 beschert den Marktteilnehmern ein weiteres Bullish-Engulfing. Dieses Mal dürfte die Kraft hinter der Formation stärker sein, da die weiße Kerze kaum einen unteren Schatten hat und die gesamte schwarze Kerze, inklusive Schatten, umschließt. Da wir uns auch zu diesem Zeitpunkt noch in demselben Abwärtstrend befinden, benützen wir nochmals einen Buy-Trigger auf Kerzenhoch als Bestätigung für die Formation. Erneut wird der Buy-Trigger erreicht und eine Position eröffnet, und wieder läuft der Trade schnell in den Gewinn.

In der dritten (gelben) Ellipse kommt es zu einem interessanten Umstand: einem weiteren Bullish-Engulfing. Das Besondere: Der NDX befindet sich bereits in einem Aufwärtstrend! Von welchem Szenario ist nun auszugehen? Mit entsprechender Bestätigung ist ein Hochpreis-Bullish-Engulfing ein Umkehrsignal! Dieses Hochpreis-Engulfing, auch Last-Engulfing-Pattern genannt, hat denselben Wirkungsgrad wie ein Inverted-Hammer. Der Stopp-Loss ist somit im Falle des Falles eng zu setzen.

Bearish-Engulfing-Pattern

Tsutsumi

Muster	Reversal
Trend	Up
Trefferquote	Gut
Anzahl	2
Frequenz	Häufig

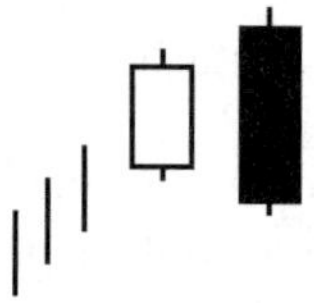

Das Bearish-Engulfing-Pattern ist das Spiegelbild des Bullish-Engulfing-Patterns. Es herrscht ein klarer Aufwärtstrend. Die schwarze Kerze entsteht mit einem Eröffnungs-Gap nach oben. Das hohe Niveau kann allerdings nicht gehalten werden, und die Preise sacken in sich zusammen. Die Kerze schließt unterhalb des vorhergehenden Kerzenkörpers. Es hat sich ein Bearish-Engulfing-Pattern ausgebildet.

Auch beim Bearish-Engulfing-Pattern sind die Schatten beider Kerzen zu ignorieren, da einzig und allein die Farbe der Körper ausschlaggebend ist.

Piercing-Pattern

Kirikomi

Muster	Reversal
Trend	Down
Trefferquote	Befriedigend
Anzahl	2
Frequenz	Mittelmäßig

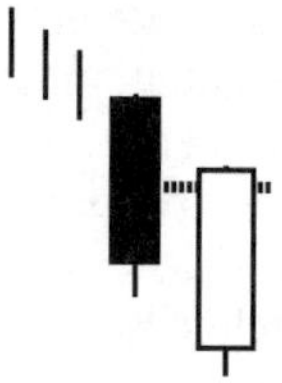

Die Piercing-Pattern-Formation tritt nach einem Abwärtstrend auf. Nach einem sich nach unten öffnenden Fenster kann der Markt eine Gegenbewegung starten und die vorhergehende schwarze Kerze durchbrechen.

Wie bei den meisten Kerzenformationen ist das Gap nicht zwingend notwendig. Die Kraft der Bullen lässt in dieser Gegenreaktion allerdings deutlich nach, und die weiße Kerze schließt innerhalb des Kursniveaus der vorhergehenden Kerze.

Um ein regelkonformes Piercing-Pattern zu erhalten, muss die weiße Kerze mindestens 50 Prozent des Vortagesverlusts wettmachen. Diese 50 Prozent sind in der Grafik als gepunkteter Strich eingetragen. Werden diese 50 Prozent nicht erreicht – schließt die Kerze also unterhalb dieser Linie –, so handelt es sich um ein negatives Signal! Es gilt allerdings auch zu beachten: Je höher die weiße Kerze oberhalb der 50-Prozent-Linie schließt, umso positiver ist das Piercing-Pattern. Schließt die weiße Kerze gar oberhalb des Hochs der vorhergehenden Kerze, handelt es sich um ein Bullish-Engulfing.

Dark-Cloud-Cover

Kabuse

Muster	Reversal
Trend	Up
Trefferquote	Befriedigend
Anzahl	2
Frequenz	Mittelmäßig

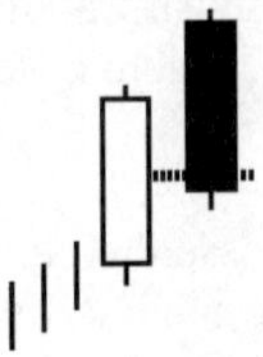

Das Dark-Cloud-Cover ist das Pendant zum Piercing-Pattern. Einziger Unterschied: Es tritt in einem Aufwärtstrend auf und drückt die Kurse talwärts. Nach einem klar definierten Aufwärtstrend kommt es zu einem Up-Gap (auch hier nicht zwingend notwendig), und die Kurse brechen in sich zusammen. Eine schwarze Kerze entsteht, die – auch hier – unterhalb einer 50-Prozent-Linie schließt. Je weiter der Schluss der schwarzen Kerze in den unteren Bereich hineinragt, desto aussagekräftiger ist dieses Signal zu werten. Schließen die Kurse oberhalb der 50-Prozent-Linie, ist es keine Dark-Cloud-Cover Formation!

Bullish-Harami

Harami

Muster	Reversal
Trend	Down
Trefferquote	Schlecht
Anzahl	2
Frequenz	Häufig

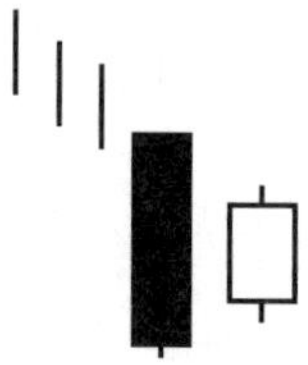

Harami heißt »schwanger« auf Japanisch. Treffender könnte diese Kerzenformation nicht benannt sein, sieht es doch auf den ersten Blick so aus, als ob die schwarze Kerze ein Kind in sich trägt. Nach einem Abwärtstrend bildet der Markt eine große schwarze Kerze aus. Mit einem Up-Gap kann die nächste Kerze weder das vorhergehende Hoch über- noch das Tief unterbieten. Die kleine Kerze bleibt somit im großen Kerzenkörper gefangen.

Die kleine Kerze muss nicht zwingend weiß sein. Tritt diese Formation mit einer kleinen schwarzen Kerze auf, ist das Signal weniger aussagekräftig, aber immer noch als Bullish-Harami zu interpretieren. Diese Formation trägt allerdings einen anderen Namen: Homing Pigeon (shita banare kobato gaeshi).

Da dieses Signal auf Unentschlossenheit im Markt deutet, sollte es stets mit Vorsicht genossen werden. Das bedeutet, dass eine haussierende Bestätigung unbedingt abzuwarten ist. Tritt eine dritte Kerze auf, die über den Hochs beider Kerzen schließt, so nennt man das bestätigte Harami ein »Three-Inside-Up«. Zusätzlich ist es ratsam, das Signal nur dann zu beachten, wenn es in die übergeordnete Trendrichtung deutet.

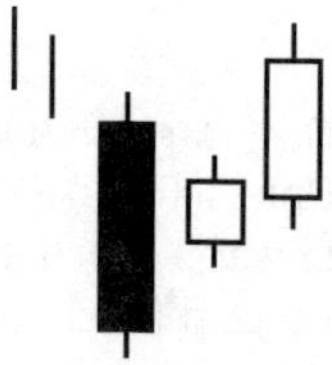

Zusätzlich besagt das Lehrbuch der Candlesticks von Steve Nison, dass der Kursanstieg von starken Volumenanstiegen begleitet werden sollte. Das bedeutet: Der Anstieg des Kurses sollte mit einem Anstieg der Handelsaktivität Hand in Hand gehen. Computergestützte Tests und persönliche Erfahrung haben gezeigt, dass dies nicht unbedingt der Wahrheit entspricht. Im Durchschnitt spielt das Volumen, besonders auf kurzfristigen Zeitebenen, keine tragende Rolle.

Bearish-Harami

Harami

Muster	Reversal
Trend	Up
Trefferquote	Schlecht
Anzahl	2
Frequenz	Häufig

Auch hier handelt es sich um ein Spiegelbild der oben beschriebenen Formation. Nach einem ausgeprägten, klar definierbaren Aufwärtstrend erscheint eine große weiße Kerze. Innerhalb dieser Kerze entsteht ein gefangener Körper. Dieser kleine Körper deutet auf Unentschlossenheit der Marktteilnehmer hin und könnte ein erstes Warnsignal für eine Trendabschwächung oder auch eine Umkehr sein.

Beim Bearish-Harami ist zu beachten, dass ausschließlich in Trendrichtung und ebenfalls nur mit entsprechender Bestätigung gehandelt werden sollte. Tritt diese Bestätigung in Form einer dritten Kerze auf, welche die Tiefs der vorhergehenden Kerzen unterbietet, so handelt es sich um eine »Three-Inside-Down«-Formation.

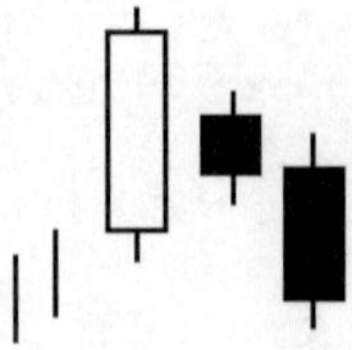

Morning-Star

Sankawa ake no Myojyo

Muster	Reversal
Trend	Down
Trefferquote	Gut
Anzahl	3
Frequenz	Mittelmäßig

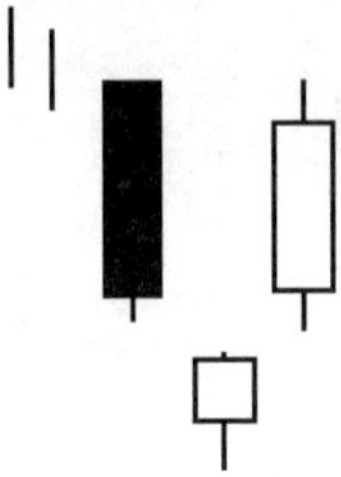

Der Morning-Star (MS) – im Deutschen Morgenstern genannt – ist eine Umkehrformation, die aus drei Kerzen besteht. In einem Abwärtstrend bildet der Markt eine lange schwarze Kerze aus und lässt den Beobachter zu diesem Zeitpunkt auf weiter fallende Kurse schließen. Die anschließende Kerze eröffnet mit einem Down-Gap. Die Farbe des zweiten Kerzenkörpers ist insofern irrelevant, als die Kurse in der folgenden Kerze wieder steigen. Die dritte Kerze sollte laut Lehrbuch mit einem Up-Gap eröffnen und im Laufe ihrer Entstehung grobe Kursverluste der ersten Candle wettmachen.

In der *Abbildung 2.5* sehen wir einen Stundenchart des Xetra-DAX. Auf der linken Hälfte der Abbildung erkennt der Trader schnell, dass ein gesunder Abwärtstrend vorherrscht. Achten Sie nun auf den rechteckigen Bereich (31. August 2004, 16:00 Uhr): Eine große schwarze Kerze ist aufgetreten. Danach eröffnete mit einem kleinen Down-Gap die zweite Kerze. Und die dritte Kerze dringt weit in den Kursbereich der ersten ein. Ein Morgenstern!

Aber auch bei dieser Formation ist es von Vorteil, eine Bestätigung abzuwarten. In diesem Fall wurde keine Position eröffnet, bevor nicht der

Abbildung 2.5 Morgenstern im Intraday-Chart des DAX

Markt den Abwärtstrend brechen würde. Es ist von absoluter Wichtigkeit, sich nicht gegen den Trend zu stellen! Der Abwärtstrend wurde am folgenden Handelstag gebrochen, und somit wurde am Nachmittag des 1. September 2004 eine Long-Position eröffnet.

Für den Fall, dass sich der Markt gegen unsere Position entwickelt, sollten wir präventive Gegenmaßnahmen ergreifen. In diesem Fall ist ein dynamischer Stopp-Loss (gepunktete Linie) inkludiert worden. Das bedeutet: Je mehr Zeit verstreicht, desto enger schnallen wir den Gürtel und minimieren dadurch das potenzielle Verlustrisiko. Steigen die Kurse, können durch diese Taktik die Buchgewinne schnell eingefroren werden.

Wenden wir unsere Aufmerksamkeit wieder dem Morgenstern zu. Es ist interessant zu wissen, dass das Signal des MS verstärkt wird, wenn es sich bei der zweiten Kerze um einen Hammer handelt. Dadurch formt der Markt einen Boden aus und hat somit das Potenzial, mit doppelter Antriebskraft gen Norden zu drehen. Die Down- bzw. Up-Gaps innerhalb der Formation sind nicht zwingend notwendig. Besonders im Intraday-Bereich (bzw. Fünf-Minuten-Charts) treten solche Gaps selten bis nie auf. Viel wichtiger ist es, darauf zu achten, dass die mittlere Kerze einen langen unteren Schatten besitzt. Andere Quellen weisen darauf hin, dass die zweite Kerze einen möglichst kleinen Körper mit wenigen unteren bzw. oberen Schatten – ein so genannter Spinning-Top – sein sollte. Auch in dieser Konstellation ist der Morgenstern ein nützlicher Signal-Lieferant.

Evening-Star

Sankawa yoi no Myojyo

Muster	Reversal
Trend	Up
Trefferquote	Sehr Gut
Anzahl	3
Frequenz	Mittelmäßig

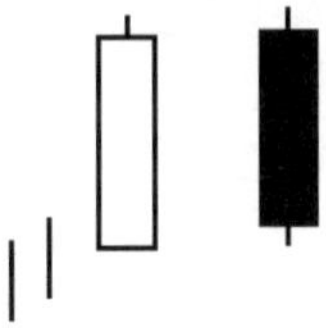

Der Evening-Star (auch Abendstern, ES) ist das Gegenstück zum Morgenstern. Er tritt nach einem Aufwärtstrend auf und ist ein Warnsignal für eine eventuelle Trendumkehr. Nach einem ausgeprägten Aufwärtstrend bildet der Markt eine weiße lange Kerze aus. Alles deutet auf höhere Kursnotierungen hin, selbst das Up-Gap zur zweiten Kerze. Die Kraft der Bullen lässt nach, und die Notierungen sacken in sich zusammen.

Beachten Sie, dass die dritte (schwarze) Kerze mindestens 50 Prozent in den Kerzenkörper der weißen hineinragen muss, da die Formation sonst ungültig ist. Die Gaps der zweiten Candle sind nicht zwingend notwendig. Auch diese Formation sollte stets in Trendrichtung und nur mit entsprechender Bestätigung gehandelt werden.

Abbildung 2.6 zeigt erneut einen Ein-Stunden-Chart des Xetra-DAX. Als Erstes sticht dem aufmerksamen Händler natürlich der steile Aufwärtstrend in die Augen. Short-Positionen, auch wenn sie von einem Abendstern ausgelöst werden, sind also mit Vorsicht zu genießen.

Abbildung 2.6 Abendstern im Intraday-Chart des DAX

Am Nachmittag des 17. September 2004 bildet sich ein Abendstern aus. Dieser ist nicht besonders formschön, da die zweite Kerze eher einem Doji als einem Shooting-Star ähnelt, aber darüber kann man bei einer Intraday-Formation unter den richtigen Rahmenbedingungen hinwegsehen.

Mit dem Bruch des Aufwärtstrends wurde eine Short-Position eröffnet und auf der 261-Prozent-Projektion wieder geschlossen – ein ungehebelter 37-Punkte- (~ ein Prozent)-Gewinn innerhalb weniger Stunden.

Three-Black-Crows

Sanba garasu

Muster	Reversal
Trend	Up
Trefferquote	Sehr Gut
Anzahl	3
Frequenz	Mittelmäßig

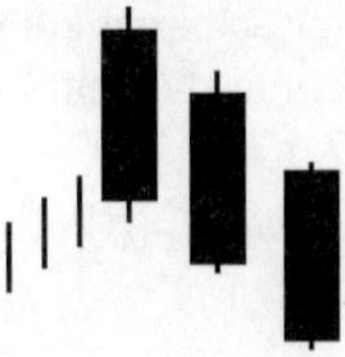

Die Formation Three-Black-Crows ist ein zuverlässiges Umkehrsignal in einem Aufwärtstrend. Nach einer ausgeprägten Up-Bewegung eröffnet die erste schwarze Kerze inner- oder oberhalb der letzten grünen Kerze. Anschließend kollabieren die Kurse – und das ohne Wenn und Aber. Der Markt kennt nur eine Richtung, und die ist talwärts. Drei aufeinander folgende schwarze Kerzen beenden den Aufwärtstrend. Alle drei Kerzen sollten am unteren Ende der Handelsspanne schließen, um der Formation volle Entfaltungskraft zu geben.

Three-White-Soldiers

Sanba garasu

Muster	Reversal
Trend	Down
Trefferquote	Sehr Gut
Anzahl	3
Frequenz	Selten

Die Three-White-Soldiers sind ein verlässliches Umkehrsignal nach einem Abwärtstrend. Diese Formation besteht aus drei großen weißen Kerzen. Jede dieser drei Kerzen sollte am oberen Ende der Handelsspanne schließen.

In *Abbildung 2.7* ist ersichtlich, dass die zwei letzten Kerzen der Soldiers jeweils mit einem Down-Gap eröffnet haben. In der Praxis ist dies nicht notwendig und nur vereinzelt anzutreffen. Es ist eher der Fall, dass die Candles mit Up-Gaps »davonlaufen«. Der Grund für dieses Verhalten ist verständlich: Der Markt hat nach vorhergehenden Kursverlusten solide Stärke bewiesen und gedreht. Durch den Druck und die Kraft des Marktes ist ein Auftreten von minimalen Down-Gaps sehr unwahrscheinlich.

Achten Sie bei den Three-White-Soldiers insbesondere auf die letzte Kerze: Tritt bei ihr ein oberer Schatten auf oder ist deren Kerze kleiner als die vorhergehenden, so könnte dies ein erstes Anzeichen für eine mögliche Korrektur sein.

Abbildung 2.7 Commerzbank-Tages-Chart

Betrachten wir nun ein praktisches Beispiel für diese Kerzenformation. In *Abbildung 2.7* sehen Sie einen Tages-Chart der Commerzbank-Aktie. Im Monat September des Jahres 2002 war die Aktie in einem klaren Abwärtstrend. Innerhalb von rund fünf Wochen verlor die Aktie von 10,50 Euro auf 5,05 Euro. Das sind mehr als 50 Prozent (!).

Am 8. Oktober 2002 schien die Aktie einen Boden zu finden. Dies kündigte sich durch das Auftreten eines Bullish-Engulfing-Patterns an. Nach diesem Engulfing folgten drei leicht verzerrte weiße Soldaten. Ich persönlich bin aus drei Gründen an diesem Tag keine Long-Position eingegangen:

1. Die Soldiers traten vor dem gestrichelten Widerstandsbereich auf. Der primäre Abwärtstrend war somit noch nicht durchbrochen und das Risiko eines möglichen Verlustes zu groß
2. Die letzte Kerze der Three-White-Soldiers-Formation hatte einen kleinen Körper. Zusätzlich deuteten die langen Lunten dieser Kerze auf Unentschlossenheit der Marktteilnehmer hin. Es sah nach einer Stagnation und/oder leichten Kursverlusten aus.
3. Es lässt sich charttechnisch kein akzeptabler Stopp-Loss finden. Der Stopp hätte unter das Engulfing-Pattern gelegt werden müssen – das entspräche einem Risiko von 25 Prozent. Das ist eindeutig zu viel.

Sie sehen, es ist wichtig, das technische Gesamtbild zu betrachten, um nicht blind jeder Candle-Formation zu folgen. Dies trifft insbesondere auf Reversal-Formationen zu, sprich solche, bei denen gegen den vorherrschenden Trend gehandelt wird.

simplified

Fazit

Candlesticks sind ein hervorragendes Werkzeug, um den künftigen Kursverlauf zu antizipieren. Doch es ist wichtig, immer den vorherrschenden Trend sowie alle anderen technischen Rahmenbedingung vor der Eröffnung eines Trades in Betracht zu ziehen.

Weiterführende Literatur:
»*Technische Analyse mit Candlesticks*«, Steve Nison, FinanzBuch Verlag (2004), ISBN: 978-3-89879-075-8

simplified

Grundlagen der Formationsanalyse

Die Formationsanalyse ist ein wichtiger Baustein der Technischen Analyse. Bei der Formationsanalyse erforscht der Techniker die Geometrie des vergangenen Kursverlaufs und prognostiziert anhand dessen die künftige Entwicklung des Finanzinstruments.

In diesem Kapitel werden wir die bekanntesten Formationen behandeln und ihren praktischen Einsatz erörtern. Wir werden unsere Aufmerksamkeit Dreiecken, Kopf-Schulter-Formationen, Double-Tops und -Bottoms, Triple-Tops und -Bottoms, Keilen, Bögen und auch weniger verbreiteten Formationen widmen.

Mehr oder minder lassen sich alle Formationen auf das Prinzip von Unterstützung und Widerstand reduzieren. Je nach Anordnung und Verhalten der Kurse zu den Unterstützungs- und Widerstandsbereichen entstehen bestimmte Formationen.

Broadening-Bottom

Ein Broadening-Bottom sieht eigentlich aus wie ein Megaphon, wird aber auch umgekehrtes Dreieck genannt. Bevor ein Broadening-Bottom entstehen kann, müssen sich die Kurse in einem Abwärtstrend befinden. Im Broadening-Bottom selbst verlaufen die Kurse seitwärts, allerdings unter hoher Volatilität. Die starke Schwankungsintensität ist Hauptgrund für das Auseinanderlaufen der Unterstützungs- und der Widerstandslinie. Diese beiden Linien können in beliebigem Winkel zueinander stehen.

Ist diese Chartformation nun bullish oder bearish einzustufen? Es gibt auf diese Frage nicht nur eine richtige Antwort. Es kommt darauf an, in welche Richtung die Kurse die Formation verlassen – ein solcher Break-out gibt erste Hinweise auf die künftige Marktentwicklung.

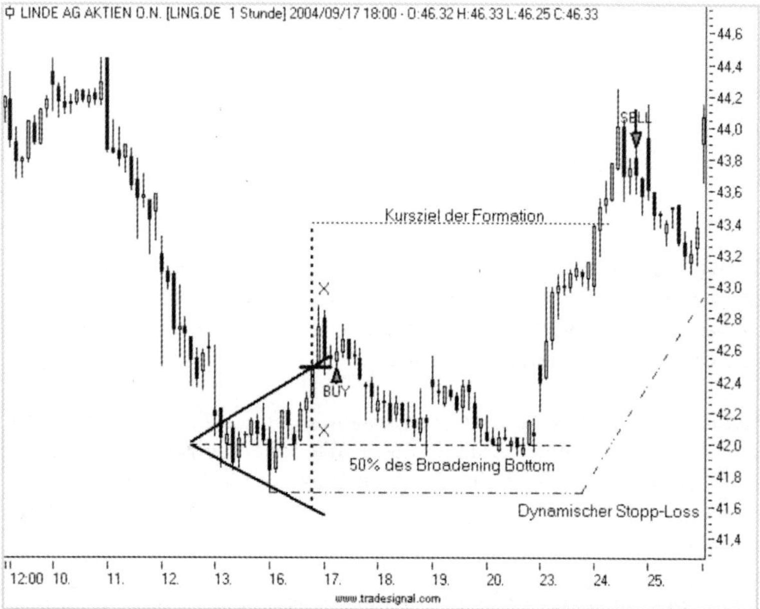

Abbildung 3.1 Linde-Stunden-Chart – Broadening-Bottom

In *Abbildung 3.1* sehen Sie einen Ein-Stunden-Chart des Monats September 2004 der Linde AG abgebildet. Wir wollen anhand dieses praktischen Beispiels nun den alltäglichen Gebrauch dieser Chart-Formation abhandeln.

Vor der Ausbildung der Formation herrschte eindeutig ein Abwärtstrend vor. Damit ist die Grundvoraussetzung für das Broadening-Bottom erfüllt. Es folgte ein Break-out der Kurse nach oben – die Aktie wurde zu 42,62 Euro pro Stück gekauft. Der Stopp-Loss (untere Strich-Punkt-Linie) wurde auf 41,68 Euro gelegt.

Die neu eröffnete Position war nur eine Stunde minimal im Gewinn, bevor der Kurs der Aktie leicht nachgab. Der Preis lief in das Broadening-Bottom zurück. Das interessante Phänomen an dieser Formation ist die 50-Prozent-Unterstützung. Wenn Sie eine Linie auf halber Höhe der Formation einzeichnen, wird sich dieser Preisbereich meist als Unterstützung erweisen. In der obigen Abbildung verläuft die Linie noch dazu genau auf 42,00 Euro. Erinnern sie sich an das Konzept der runden Zahlen.

Die 50-Prozent-Unterstützung hat gehalten. Die Kurse liefen daraufhin – spät, aber doch – nach oben. Nun stellt sich die Frage, wann die Position wieder geschlossen werden sollte. Um eine Antwort auf diese Frage zu finden, ist es hilfreich, das Konzept der Kurszielberechnung in den Trade mit einzubeziehen. Dazu messen wir die Distanz der Unterstützungs- und der Widerstandslinie des Broadening-Bottoms zueinander. Diese Distanz hat im obigen Chart den Namen »X«. Sobald ein Break-out erfolgt, wird die absolute Strecke »X« zum Kursniveau des Break-outs addiert. Im Fall der Linde AG ist dies ein Preisniveau von 43,40 Euro.

Die Position wird allerdings nicht automatisch mit dem Erreichen der 43,40-Euro-Marke geschlossen. Wer sagt, dass die Kurse nicht noch höher steigen können? Würden Sie die Position hier schließen, ist es gut möglich, dass Sie sich Ihrer eigenen Gewinne berauben. Übersteigen die Kurse das Zielniveau, sollten Sie aber Ihre Finger am Abzug haben. Ergibt sich nun ein Verkaufssignal, ist es meist von Signifikanz.

Warten Sie bei einem Broadening-Bottom stets auf Bestätigung, besonders wenn sich der allgemeine Trend zu drehen scheint. Beziehen Sie keine Position, bevor die Kurse nicht das Broadening-Bottom verlassen haben.

Broadening-Top

Das Broadening-Top ist das Gegenstück zum Broadening-Bottom. Die Charaktereigenschaften beider Formationen sind mehr oder minder gleich, allerdings aber spiegelverkehrt. Der vorhergehende Trend eines Broadening-Tops muss aufwärts gerichtet gewesen sein. Auch beim Broadening-Top muss stets auf einen Ausbruch gewartet und immer ein Stopp-Loss gesetzt werden.

Abbildung 3.2 zeigt ein praktisches Beispiel eines Broadening-Tops. Als die Kurse die Formation verlassen hatten, wurde der Index leerverkauft. Die Short-Position konnte innerhalb von fünf Handelstagen drei Prozent ungehebelten Buchgewinn aufweisen. Erst mit dem Bruch des Abwärtstrends wurde die Position glattgestellt.

Abbildung 3.2 NASDAQ-Stunden-Chart mit Broadening-Top

Kopf-Schulter-Formation

Die Kopf-Schulter-Formation ist eine der bekanntesten Formationen. Sie besteht aus drei Kursgipfeln, wovon der mittlere die größte Amplitude hat. Aufgrund dieser Eigenschaft sieht diese Formation wie ein Kopf aus, der von einer Schulter links und einer Schulter rechts eingekesselt ist.

Zusätzlich weist jede Kopf-Schulter-Formation eine Nackenlinie auf. Diese Nackenlinie muss allerdings von den Kursen gebrochen werden. Schaffen es die Kurse nicht, die Nackenlinie zu überwinden, bleibt die Formation ungültig.

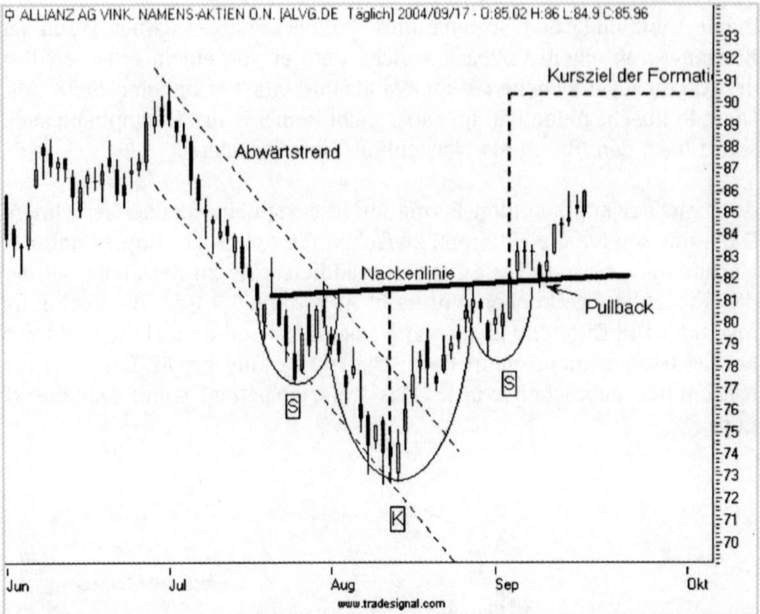

Abbildung 3.3 Allianz-Tages-Chart mit Kopf-Schulter-Boden

Nehmen wir *Abbildung 3.3* zur Hand, um das Prinzip der Kopf-Schulter-Formation an einem praktischen Beispiel zu erlernen.

Die Abbildung zeigt einen Tages-Chart der Allianz AG. In den Sommermonaten des Jahres 2004 befand sich die Aktie in einem gesunden Abwärtstrend. Es bildeten sich innerhalb dieses Abwärtstrends eine linke Schulter und ein Kopf aus. Bei der rechten Schulter war der Abwärtstrend bereits gebrochen – ein Ideal-Szenario.

Anfang September wurde die Nackenlinie, die Schultern und Kopf miteinander verbindet, von den Kursen durchstoßen. Damit erhielt die Formation Gültigkeit, und die Aktie generierte ein klares Kaufsignal. Legen Sie den Stopp-Loss knapp unter die jüngste Schulter, um Ihr Kapital bei einem Versagen der Formation zu schützen.

In der Abbildung ist ein so genanntes »Pullback« eingezeichnet. Wenn der Börsianer von einem Pullback spricht, geht er von einem erneuten Test der kürzlich gebrochenen Widerstandslinie von der anderen Seite aus. Diese Pullbacks treten häufig – aber nicht immer – auf. Es empfiehlt sich, sofort nach dem Bruch der Nackenlinie aktiv zu agieren.

Auch aus der Kopf-Schulter-Formation lässt sich ein Kursziel berechnen. Dazu müssen Sie die Differenz zwischen der Spitze des Kopfes und der Nackenlinie messen. Diese Differenz addieren Sie zu der Stelle, an der die Nackenlinie gebrochen wurde. In *Abbildung 3.3* wäre die Rechnung folgende: Die Differenz zwischen Nackenlinie und dem Höhepunkt des Kopfes beträgt knapp neun Euro. Die Aktie stand bei 82 Euro, als die Nackenlinie gebrochen wurde. Das Kursziel beträgt somit beinahe 91 Euro.

Abbildung 3.4 Deutsche Börse AG mit Kopf-Schulter-Gipfel

Bitte beachten Sie, dass eine Kurszielberechnung stets nur einen Richtwert gibt. Es handelt sich um keine absolute Größe. Meist erreichen die Kurse dieses Ziel gar nicht oder schießen darüber hinaus.

In *Abbildung 3.4* sehen Sie eine Kopf-Schulter-Gipfel Formation. Das bedeutet, dass es sich bei dieser Formation um ein Verkaufssignal handelt.

Auch hier herrschte ein klarer Aufwärtstrend, bevor das Chart-Bild entstand. Damit ist die erste Grundbedingung erfüllt: Der Kopf der S-K-S brach den Aufwärtstrend (siehe kleiner Kreis). Damit ist die zweite Grundbedingung erfüllt: Ende März 2004 wurde die Nackenlinie gebrochen. Damit war Checkpoint Nummer 3 abgehakt.

Nun kam es zu einer Situation, die nicht ganz dem Lehrbuch entsprach. Die Kurse verloren zwar heftig und schnell, und es setzte auch ein Pullback ein. Doch Sie sehen, dass der Pullback leicht über die Nackenlinie hinausragte und knapp den Stopp über der rechten Schulter verfehlte. Glück gehabt, denn das Kursziel wurde in den folgenden vier Wochen ohne größere Probleme erreicht.

Abbildung 3.4 soll Ihnen verdeutlichen, dass nicht jede Formation nach unseren Vorstellungen verlaufen wird. Setzen Sie deshalb immer konsequent ein Stopp-Loss-Level vor der Eröffnung eines Trades fest.

Doppel-Top/Bottom

Das Doppel-Top ist keine so komplexe Formation wie die Kopf-Schulter-Formation, aber mindestens genauso effektiv. Ein Doppel-Top besteht aus zwei ausgeprägten Kursspitzen, die nur durch den Faktor Zeit getrennt sind. Die Spitze beider Hügel liegt allerdings auf ungefähr demselben Preis-Level. Auch bei dieser Formation muss ein Aufwärtstrend vorhanden sein, der reversiert werden kann.

Bei einem Doppel-Top auf Tagesbasis gelten folgende wichtige Grundkriterien:

- Die Höchstkurse beider Gipfel sollten ungefähr auf demselben Niveau liegen (die Toleranz beträgt zwei bis vier Prozent, je nach Volatilität).

- Der Abstand zwischen beiden Hochs sollte mindestens sechs Wochen (30 Candles) betragen.
- Die Amplitude beider Spitzen sollte ausreichend sein, um »formschöne« Dreiecke zu bilden.
- Die Kurse müssen die Nackenlinie des Doppel-Tops unterschreiten, um ein regelkonformes Verkaufssignal zu generieren.

Abbildung 3.5 zeigt ein schönes Doppel-Top. Die beiden Gipfel verlaufen beinahe in einer perfekten Preis-Zeit-Symmetrie. Das steigert die Zuverlässigkeit dieser Formation und ist leider nur selten im realen Börsenleben anzutreffen.

Am 23. März 2004 wird die Unterstützungslinie des Doppel-Tops durchbrochen. Die Formationslehre besagt, dass sich dadurch ein astreines Ver-

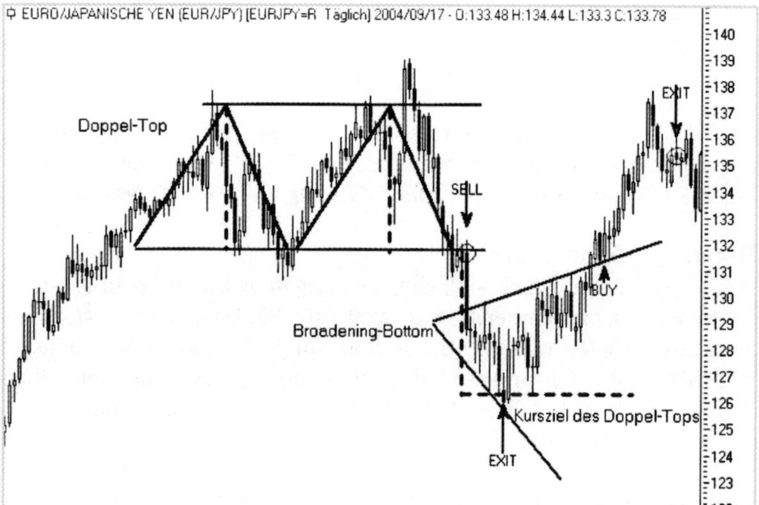

Abbildung 3.5 Euro-in-YEN-Tages-Chart mit Doppel-Top

kaufssignal ergeben hat. Es wird eine Short-Position auf 131,71 Yen eröffnet.

Das Prinzip der Kurszielerrechnung basiert bei einem Doppel-Top auf derselben Annahme wie bei einer Kopf-Schulter- und/oder einer Broadening-Bottom-Formation. Die absolute Distanz zwischen der Nackenlinie und dem Höchstkurs wird gemessen und zu der Breakout-Stelle addiert. In diesem Fall erhalten wir ein Kursziel von 126,30 Yen.

Als dieses Kursziel erreicht wurde, wurde die Position aufgrund des Marktumfeldes glattgestellt. Es bildete sich ein Broadening-Bottom aus. Bei einem Ausbruch aus dieser Formation wäre eine Bodenbildung erfolgt, und Sie hätten eine Long-Position beziehen sollen.
Dieses Szenario ist auch eingetreten: Bei 131,34 Yen wurde eine

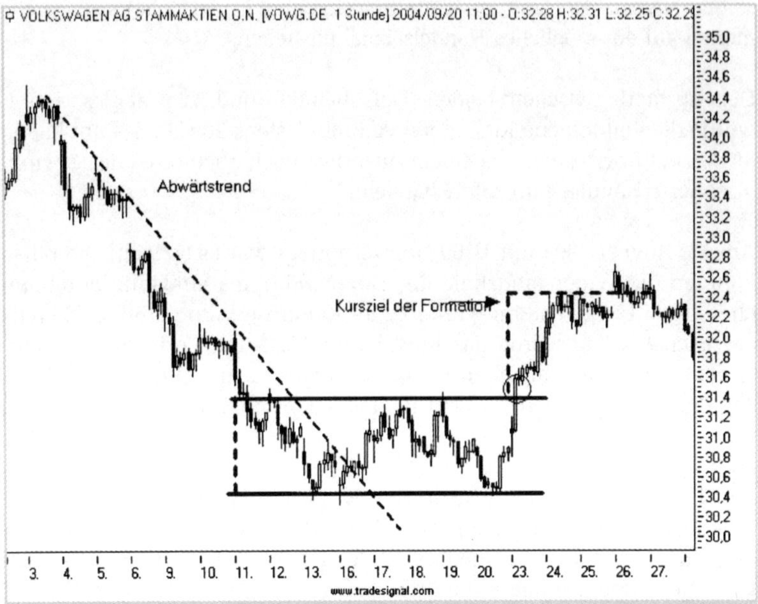

Abbildung 3.6 Doppel-Bottom im Ein-Stunden-Chart der Volkswagen-Aktie

Long-Position eröffnet. Sie sehen, dass das Eröffnungsniveau beinahe mit dem der Short-Position deckungsgleich ist. Dieser Umstand soll Ihnen verdeutlichen, wie wichtig es ist, die eigene Meinung konstant zu ändern und dementsprechend seine Positionierungen umzuschichten.

Die obige Abbildung illustriert ein Doppel-Bottom der Volkswagen-Aktie auf einem einstündigen Intraday-Chart. Sehen wir uns diese Formation nun ein wenig genauer an.

Als Erstes muss ein Abwärtstrend vorherrschen, der gebrochen – und nach Möglichkeit umgedreht – werden kann. In den ersten zwei August-Wochen des Jahres 2004 wurde das erste Kriterium erfüllt.

Auch das Merkmal Nummer zwei wurde von diesem Doppel-Boden ausgebildet. Die Kursspitzen beider relativer Tiefs liegen auf ungefähr demselben Niveau. Der aufmerksame Investor und Trader sollte sich bereits mental auf ein mögliches Handelssignal einstellen.

Der Abstand zwischen beiden Tiefs beträgt rund 40 Candles. Damit wurde die empfohlene Richtgröße von mindestens 30 Candles um knapp 31 Prozent übertroffen. Bei einem Ausbruch nach oben muss der gewinnorientierte Händler nun sofort handeln.

Am 23. August 2004 um 11:00 Uhr vormittags war es so weit: Die Kurse konnten die Widerstandslinie des Doppel-Bottoms eindeutig durchbrechen. Eine Long-Position wurde zu 31,50 Euro je Aktie eröffnet. Bereits am nächsten Tag wurde das Kursziel zu 32,45 Euro erreicht. Das entspricht einem ungehebelten Kursgewinn von ca. drei Prozent in einem Tag. Manch' Sparbuch verdient in einem Jahr nicht so viel.

Dreifach-Top/Bottom

Ein Dreifach-Top zeigt prinzipiell die gleichen Grundcharaktereigenschaften wie ein Doppel-Top auf. Wie der Name schon verrät, gibt es allerdings einen kleinen Unterschied: Es handelt sich nicht um zwei ausgeprägte Spitzen, sondern um drei.
Die Kriterien für ein regelkonformes Dreifach-Hoch sind:

- Die Höchstkurse der drei Gipfel sollten ungefähr auf demselben Niveau liegen (Toleranz zwei bis vier Prozent, je nach Volatilität).
- Der Abstand zwischen dem ersten und dem letzten Hoch sollte mindestens acht Wochen (40 Candles) betragen.
- Die Amplitude der Spitzen sollte ausreichend sein, um »formschöne« Dreiecke zu bilden.
- Die Kurse müssen die Unterstützungslinie des Dreifach-Tops durchbrechen, um ein regelkonformes Verkaufssignal zu generieren.

Abbildung 3.7 zeigt den Chart des Deutschen Aktien Index auf Tagesbasis. Auch hier herrschte ein Aufwärtstrend vor. Zu Beginn des Jahres 2004 begannen die Kurse ein Dreifach-Top auszubilden, das am 11. März 2004 nach unten hin verlassen wurde.

Abbildung 3.7 Xetra-DAX-Tages-Chart mit Dreifach-Hoch

Beachten Sie, dass dieses Dreifach-Hoch nicht horizontal verläuft. Die Spitzen der Swings liegen allerdings in einer 20-Punkte-Range innerhalb der akzeptablen Knautschzone. 20 Punkte sind zu diesem Zeitpunkt knapp 0,5 Prozent gewesen!

An der obigen Abbildung erkennen Sie, dass es nicht immer ratsam ist, exakt nach spezifischen Kurszielen zu handeln. Hätten Sie in *Abbildung 3.7* ein Kursziel errechnet und nach diesem gehandelt, hätten Sie nur knapp mehr als 50 Prozent des möglichen Gewinns eingesteckt.

Steigende und fallende Keile

Die Keilformation ist besonders interessant. Bei einem steigenden Keil laufen die Unterstützungs- und die Widerstandslinie im Laufe der Zeit immer enger zusammen. Die Kurse markieren zwar höhere Hochs und

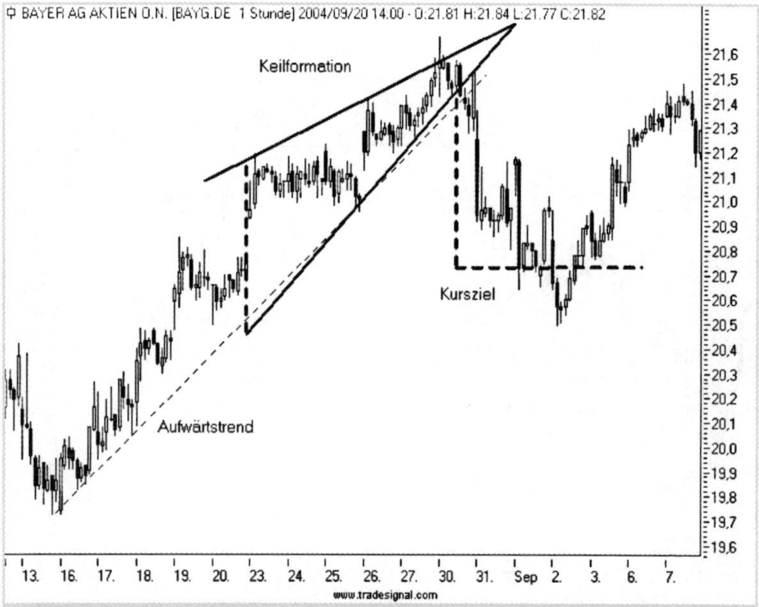

Abbildung 3.8 Keilformation der Bayer-Aktie

höhere Tiefs in einem Aufwärtstrend, allerdings schwächt sich die Intensität des Trends kontinuierlich ab. Das ist ein erstes Anzeichen für Marktschwäche.

Zu einem regelkonformen Verkaufssignal kommt es allerdings erst, wenn die Kurse die Unterstützungslinie des Keils nach unten hin durchbrechen.

Abbildung 3.8 zeigt eine steigende Keilformation in einem Ein-Stunden-Chart der Bayer Aktiengesellschaft. In den letzten zwei August-Wochen 2004 herrschte ein klarer Aufwärtstrend vor. Dieser Trend ist Voraussetzung für die Effektivität des Keils.

Innerhalb dieses Aufwärtstrends hat sich bereits ein Keil ausgebildet. Obwohl höhere Tiefs und höhere Hochs erreicht werden, ist der abnehmende Kaufdruck ein akutes Warnsignal. Am 30. August 2004 kam das endgültige Verkaufssignal. Sowohl der Keil als auch der Aufwärtstrend wurden am 30. August nach unten hin gebrochen. Eine Short-Position wurde bei 21,44 Euro eröffnet. Der Stopp-Loss wurde auf die obere Linie des Keils gelegt – und betrug somit am ersten Tag 21,62 Euro.

Innerhalb eines Handelstages wurde das Kursziel von 20,72 Euro erreicht. Dieser Trade ergab somit einen effektiven und ungehebelten Buchgewinn von 0,72 Euro oder 3,4 Prozent.

In *Abbildung 3.9* sehen wir einen Tages-Chart des TecDAX Performance Index. Dieser Chart wurde gewählt, um zu illustrieren, dass die Technische Analyse hervorragend die Polaritätswechsel des Marktumfeldes aufzeigen kann. Der Markt befand sich seit rund drei Jahren in einem steten und steilen Abwärtstrend. Wie heftig diese Kursverluste ausfielen, sehen Sie links in der Abbildung.

Es bildete sich ein absteigender Keil aus. Sollte dieser nach oben durchbrochen werden, könnte dies das Ende des langjährigen Baisse-Marktes bedeuten. Zu diesem Zeitpunkt ahnten viele Techniker bereits den bevorstehenden Umschwung.

Im März 2003 wurde der absteigende Keil nach oben hin durchbrochen. Ein erstes Kaufsignal! Zusätzlich bildete der Markt einen Boden aus,

Abbildung 3.9 TecDAX-Tages-Chart zeigte die Wende an

indem die Kurse dasselbe Niveau zweimal abtesteten. Dadurch entstand ein etwas mutiertes Doppel-Bottom.

Zu diesem Zeitpunkt war der sekundäre Abwärtstrend allerdings noch nicht gebrochen. Erst als dies geschah (siehe zweiter Kreis), wurde eine Long-Position bei 353 Indexpunkten eröffnet. Der Initial-Stopp-Loss wurde knapp unter das Tief des mutierten Doppel-Tops gelegt. Dies entsprach einem Stopp-Loss-Level bei 304 Indexpunkten.

Der Index konnte anschließend innerhalb von neun Monaten mehr als 85 Prozent Wertsteigerung verzeichnen. Das Faszinierende an der Sache ist, das mithilfe der Technischen Analyse auch diese Wertsteigerung prognostizierbar war. Wir werden im Kapitel über Dreiecke erneut auf das TecDAX-Beispiel im März 2003 zurückkommen.

Dreiecke

Das Dreieck ist in der Chartanalyse ein Chamäleon. Es tritt in rechteckiger oder in gleichschenkeliger Form auf. Es kann eine Fortsetzungsformation oder auch eine Gipfel- sowie eine Bodenformation darstellen. Unter Berücksichtigung der richtigen Techniken werden Sie die Dreiecke schnell zu differenzieren wissen. Wir werden die verschiedenen Dreiecke anhand praktischer Beispiele erlernen.

Abbildung 3.10 zeigt einen 15-Minuten-Chart des Xetra-DAX. Wir befinden uns also bereits auf dem heilig-mysteriösen Territorium der Day-Trader. In der Abbildung klettern die Kurse in einem langfristigen Aufwärtstrend stetig bergauf.

Abbildung 3.10 Symmetrisches Dreieck im Intraday-Chart des DAX

Am 15. und am 16. August 2004 bildete sich ein symmetrisches Dreieck aus. Ein symmetrisches Dreieck zeichnet sich durch die im selben Winkel zulaufende Unterstützungs- und Widerstandslinie aus. Ob ein symmetrisches Dreieck ein Fortsetzungs- oder ein Umkehrchartmuster ist, hängt von der Richtung des Break-outs ab. Verlassen die Kurse das Dreieck in Richtung des übergeordneten Trends, so handelt es sich um eine Fortsetzungsformation. Brechen die Kurse in die zum Trend entgegengesetzte Richtung aus, so handelt es sich meist um ein ernsthaftes Warnsignal für eine bevorstehende Trendwende.

In *Abbildung 3.10* verließen die Kurse das Dreieck in Richtung des übergeordneten Trends. Der technisch versierte Händler geht in dieser Situation von weiter steigenden Kursen aus. Er eröffnet bei dem Break-out entweder eine Long-Position oder stockt eine eventuell bestehende Position auf.

Nehmen wir das Intraday-Beispiel des DAX nun etwas genauer unter die Lupe. Wenn Sie eine horizontale Linie durch die Spitze des liegenden Dreiecks ziehen, sehen Sie ein interessantes Phänomen: Diese Linie tendiert dazu – sowohl in der Vergangenheit als auch in der Zukunft –, als Unterstützungs- bzw. Widerstandslinie zu fungieren. Das Wissen um diesen Umstand ist ein nützliches Hilfsmittel für etwaige Positionsvergrößerungen.

Wenn Sie eine vertikale Linie von der Spitze des Dreiecks nach oben (bzw. unten) zeichnen, haben Sie Ihrem Wissenskontingent ein weiteres nützliches Werkzeug hinzugefügt. Diese Linie zeigt oft, aber nicht immer, die Extrempunkte einer Bewegung auf. In *Abbildung 3.10* verfehlt diese Linie nur knapp den tatsächlichen absoluten Höchstpunkt der Bewegung.

Abbildung 3.11 zeigt einen Chart des TecDAX-Wertes T-Online. In der linken äußeren Hälfte des Charts sehen Sie einen enormen Kursanstieg. Beginnend mit dem Oktober des Jahres 2001 konnte sich der Wert von fünf Euro auf 15 Euro je Aktie verdreifachen. Und das innerhalb von nur fünf Wochen! Ein enormer Kursanstieg.

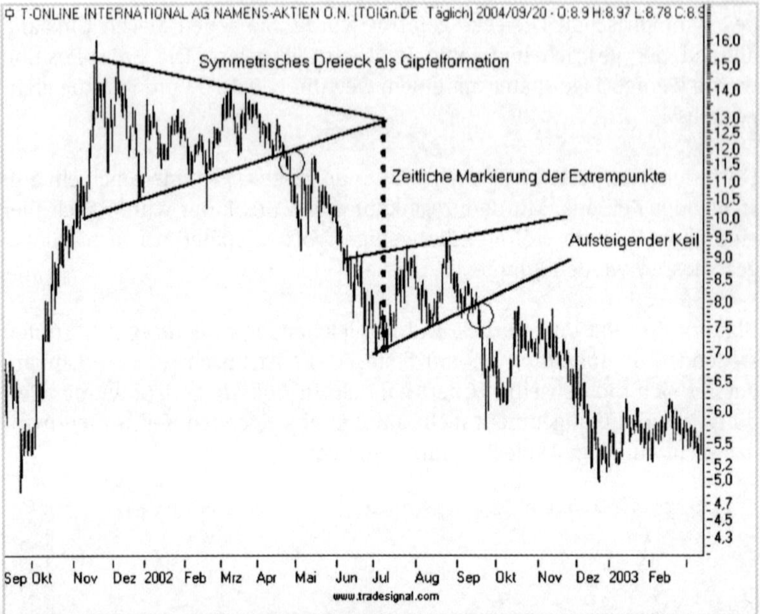

Abbildung 3.11 T-Online-Tages-Chart mit symmetrischem Dreieck

Betrachten wir nun den weiteren Verlauf der Aktie. Im November 2001 lief die Aktie in ein symmetrisches Dreieck hinein. Ob dieses Dreieck als Fortsetzungsformation oder als Umkehrkonstellation Wirkung zeigen wird, konnte zu diesem Zeitpunkt noch nicht definiert werden. Erst ein regelkonformer Ausbruch aus dem Dreieck würde Aufschluss über die künftige Marktentwicklung geben.

Dieser besagte Ausbruch fand im Mai 2002 statt – ein gutes halbes Jahr dauerte das Dreieck somit an. Im Mai 2002 wurde deutlich, dass es sich um eine Umkehrformation handelte. Es wurde eine Short-Position eröffnet.

Abbildung 3.11 zeigt ein exaktes Beispiel der vertikalen Hilfslinie für Extrempunkte einer Kursbewegung auf. Die Kurse erreichten den relativen Tiefpunkt von 7,00 Euro genau an dem Tag, an dem auch die Spitze des symmetrischen Dreiecks geformt wurde. Sie sehen diesen Umstand anhand der gestrichelten Linie im Chart illustriert. Die Short-Position wurde wenige Tage später mit einem Gewinn von 3,70 Euro je Aktie glattgestellt.

Doch dem Kursverfall war noch kein Ende gesetzt. Es bildete sich ein aufsteigender Keil aus. Mit dem regelkonformen Break-out wurde auch hier eine Short-Position eröffnet, die wenige Wochen später erneut profitabel geschlossen werden konnte.

Blättern Sie jetzt bitte zurück und vergleichen Sie *Abbildung 3.12* (unten stehend) mit *Abbildung 3.9* auf Seite 76. Es ist unschwer zu erkennen, dass es sich um denselben Chart handelt. In *Abbildung 3.12* wurde allerdings das Hauptaugenmerk nicht auf den absteigenden Keil, sondern auf das rechtwinkelige Dreieck dahinter gerichtet.

Abbildung 3.12 TecDAX-Tages-Chart mit 90-Grad-Dreieck

Auch bei einem rechtwinkeligen Dreieck gilt dieselbe Grundregel: Warten Sie immer auf einen bestätigten Break-out. Handeln Sie nur in Richtung des Break-outs, und positionieren Sie sich nicht vor einem Ausbruch aus dem Dreieck.

Abbildung 3.12 wurde eingefügt, um die erstaunliche Trefferquote bei der Kurszielermittlung aufzuzeigen. Hätten Sie nach diesem rechtwinkeligen Dreieck gehandelt, hätten Sie die gesamte Hausse des Jahres 2003 einstreichen können und zusätzlich am Hochpunkt verkauft. Punktgenau.

In *Abbildung 3.13* werden wir die eben gelernten Techniken praktisch anwenden, um eventuelle zukünftige Positionen zu lokalisieren. Dazu zeigt *Abbildung 3.13* einen Devisen-Chart, genauer gesagt den des US-Dollars, in Japanischen Yen berechnet.

Abbildung 3.13 Möglicher Kursgewinn im USD/JPY

Übergeordnet sehen Sie einen Abwärtstrend, der sich innerhalb der zurückliegenden 20 Monate ausgebildet hat. Zusätzlich sehen Sie zwei mögliche Dreiecke, bei deren Bruch mit heftigen Kursanstiegen zu rechnen ist. Werden die beiden Dreiecke nach unten verlassen, ist mit weiteren heftigen Kursabschlägen und einer Fortsetzung des Abwärtstrends zu rechnen. Die beste Position in diesem Markt ist, zurzeit keine Position zu haben.

Sie sehen, die Technische Analyse hält nicht überall Signale bereit, die nur darauf warten, von Ihnen getradet zu werden. Timing und Geduld sind wichtige Faktoren, wenn Sie eine Chart-Formation sich ausbilden sehen. Diese Geduld kann sich bezahlt machen, Ungeduld wird Sie meist teuer zu stehen kommen.

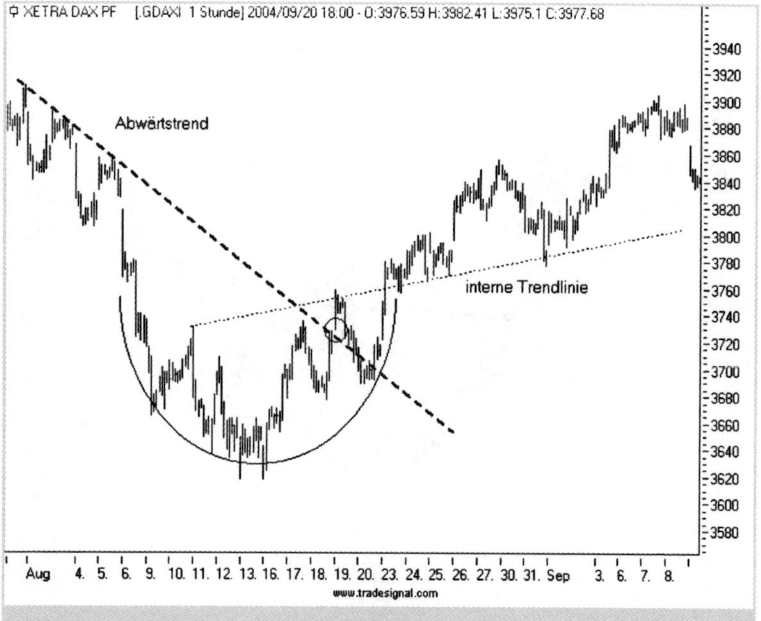

Abbildung 3.14 Rounding-Bottom im Intraday-Chart des DAX

Rounding-Top/Bottom

Das Rounding-Bottom wird zu Deutsch auch gerne Tellerformation genannt. In dieser Tellerformation bilden die Kurse nach einem Abwärtstrend eine konvexe Kurve aus. Diese allmähliche Entwicklung der Kurse ist zumeist eine Bodenbildung, die in einen anschließenden Aufwärtstrend mündet.

Abbildung 3.15 zeigt eine Tellerformation anhand eines Intraday-Charts des DAX auf. Der Leitindex befand sich seit Anfang August 2004 in einem steilen Abwärtstrend. Die Tellerformation konnte den an Geschwindigkeit gewinnenden Downtrend allerdings verlangsamen.

Ein Rounding-Bottom hat eine gewisse Ähnlichkeit mit einer Kopf-Schulter-Formation. Einziger Unterschied ist, dass die Schultern bei dieser For-

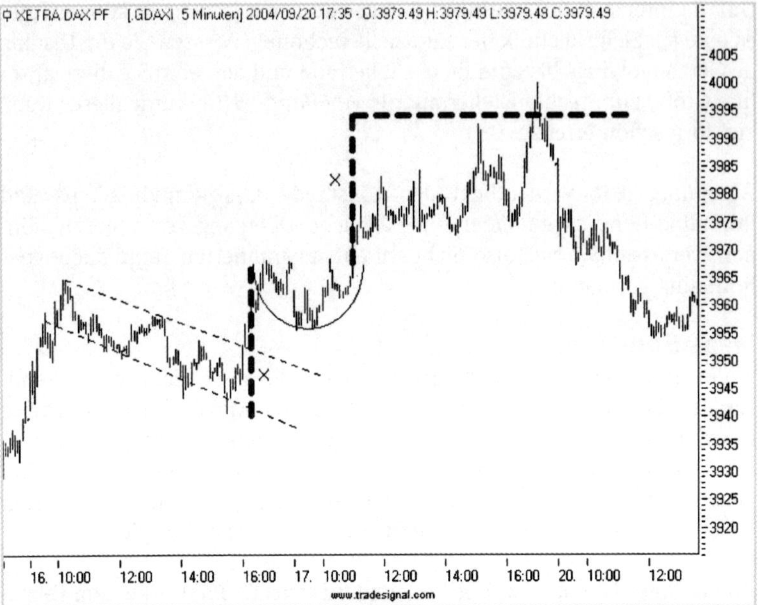

Abbildung 3.15 Fünf-Minuten-Chart mit Teller des Xetra-DAX

mation nicht ausgeprägt sind, sondern glatt verlaufen. Aufgrund gewisser Ähnlichkeiten zu der Kopf-Schulter-Formation lässt sich auch auf ähnliche Art und Weise ein Kursziel berechnen: Messen Sie die Tiefe des Tellers und addieren Sie die absolute Distanz zum Kursniveau des Break-outs der Formation hinzu.

Ein Rounding-Bottom ist allerdings nicht immer eine Umkehrformation. Hat ein Aufwärtstrend – anstatt eines Abwärtstrends – vorgeherrscht, ist die Wahrscheinlichkeit groß, dass es sich um eine klassische Fortsetzungsformation handelt.

Abbildung 3.15 zeigt eine Fortsetzungsformation eines Tellers. Nach dem nach oben gerichteten Ausbruch aus einem Abwärtstrend herrschte ein neuer Up-Trend vor. In diesem Aufwärtstrend kam es zu einer Tellerformation – der Markt »holte Luft« für weitere Kursgewinne.

Um die Intensität der künftigen Kursgewinne abschätzen zu können, gibt es eine spezielle Technik der Kurszielberechnung. Messen Sie die Distanz des letzten Swings bis zum linken Tellerrand und addieren Sie diese absolute Größe zum rechten Tellerrand. In *Abbildung 3.15* wurde dieses Kursziel formschön erreicht.

Abbildung 3.16 verdeutlicht den Umstand, dass Rounding-Tops und Rounding-Bottoms einander ohne jegliche Übergangszeit ablösen können. Verlassen Sie sich also nicht auf einen garantierten Trend nach einer Rounding-Formation.

Measured-Move

Ein Measured-Move ist eine Chart-Formation, die ausschließlich aus Trendkanälen besteht. In einem bullishen Measured-Move laufen die Preise innerhalb eines Aufwärtstrends bergauf, korrigieren kurzfristig und beginnen anschließend einen neuen Aufwärtstrend. Das Interessante an diesem neuen Aufwärtstrend ist, dass er die Charaktereigenschaften des ersten meist 1:1 widerspiegelt. Betrachten wir dazu ein reales Beispiel:

Abbildung 3.17 zeigt den Kursverlauf der Deutsche-Bank-Aktie. Im Februar 2003 hat sich ein Aufwärtstrend ausgebildet, der bis Mitte Juli desselben Jahres dauerte. Anschließend setzte eine halbjährliche Konsolidie-

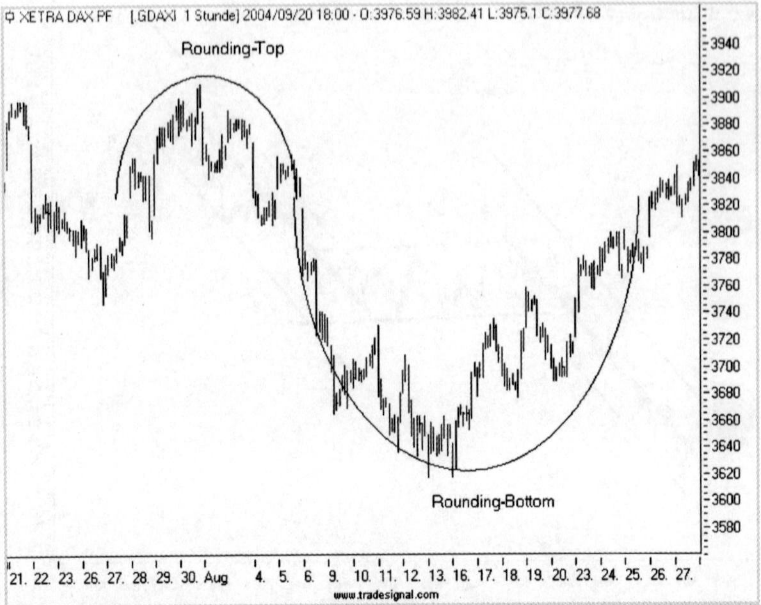

Abbildung 3.16 Rounding-Top und Rounding-Bottom

rungsphase ein, die allerdings keine Kursverluste bescherte. Mit Beginn des Jahres 2004 erhielten die Kurse durch einen neuen Up-Trend wiederholt starken Auftrieb.

Vergleichen Sie nun die beiden Aufwärtstrendphasen. Sie werden erkennen, dass sich die Trendphasen exakt gleichen. Man spricht in diesem Fall von einer Preis-Zeit-Symmetrie. Der schwarze Balken innerhalb beider Trendkanäle zeigt diesen Umstand beinahe erschreckend exakt auf.

Bei einer Preis-Zeit-Symmetrie meint der versierte Investor, dass eine Symmetrie auf der Preisachse (y) und auch auf der Zeitachse (x) vorhanden ist. Diese Preis-Zeit-Symmetrie tritt nicht nur in Trendkanälen auf, sondern auch in einzelnen Trendlinien.

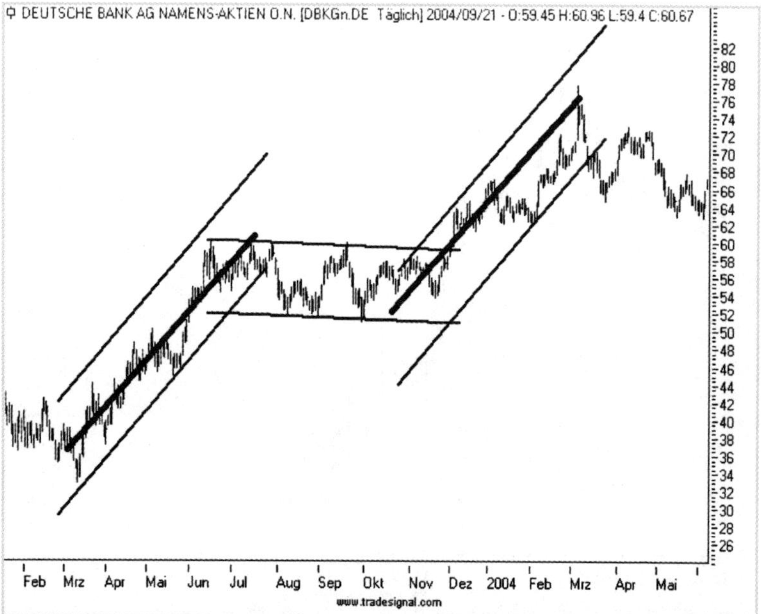

Abbildung 3.17 Bullish Measured-Move bei der Deutschen Bank

Wie kann man nun das Konzept der Measured-Moves oder der Symmetrie praktisch in den Händleralltag integrieren? In *Abbildung 3.18* sehen Sie einen Chart des Euro in US-Dollar berechnet. Der Euro befindet sich eindeutig in einem übergeordneten Bullenmarkt – so lange bis die Trendlinie gebrochen wird.

Das Prinzip der Symmetrie kann dazu eingesetzt werden, Ihnen effektiv aufzuzeigen, wann eine Korrektur beendet ist. Im Sommer des Jahres 2003 setzte eine solche Korrektur ein. Es entwickelte sich ein sekundärer Abwärtstrend (erster schwarzer Balken). Als sich mit Beginn des Jahres 2004 eine weitere Korrektur anbahnte, erkannte der kluge Investor bereits im Vorfeld, was die Kurse machen würden. Legte man den schwarzen Balken an der Spitze des Swings von Ende 2003 an, und ging man von

Abbildung 3.18 Preis-Zeit-Symmetrie im EUR/USD-Chart

einer Preis-Zeit-Symmetrie aus, so kreuzten sich das untere Ende des Balkens und der Aufwärtstrend an einem einzigen Handelstag.

Mit dem Eintreffen der Preis-Zeit-Symmetrie wurde einen Long-Position eröffnet. Diese lief in dem besagten Beispiel zwar in die Gewinnzone, allerdings auch in ein symmetrisches Dreieck hinein. Erfolgt nun ein Break-out, ist mit einem Euro-Dollar-Kurs um die 1,39 zu rechnen.

Zusammenfassend lässt sich sagen, dass sich die Werkzeuge der Preis-Zeit-Symmetrie und die der Measured-Moves hervorragend mit anderen Methoden der Technischen Analyse kombinieren lassen. Insbesondere können Sie diese Techniken für das Ertasten einer sekundären Trendwende benutzen.

Andrews Pitchforks

Diese Analysetechnik reicht bis in die 60er-Jahre zurück und hat bis heute nichts an praktischem Nutzen oder Wert verloren. Andrews Pitchforks ist eine Trendlinienmethode. Die Grundannahme ist, dass sich Kurse zwar in Trends bewegen, diese aber nicht perfekt sind, also dass Preise nicht ohne korrektive Bewegungen verlaufen können.

Deshalb verwendet Andrews – der Erfinder dieser Methode – mit seiner Analysemethode eine herkömmliche Trendlinie und fügt zwei weitere hinzu. Diese fungieren als erweiterte Unterstützungs- und Widerstandslinien. Wenn man diese Technik im realen Leben angewandt sieht, versteht man schnell, warum sie nach einer Mistgabel benannt ist.

Abbildung 3.19 zeigt einen Ein-Stunden-Chart des US-amerikanischen Technologie-Index NASDAQ. Eine »Mistgabel« besteht aus einer Median-

Abbildung 3.19 Nasdaq-100-Index mit Andrews Pitchfork

Linie, die als zentrale Trendlinie gilt. Diese Median-Linie verkörpert den allgemeinen Trend. Zu dieser Median-Line werden nun eine äußere Unterstützungs- und Widerstandslinie eingezeichnet. Diese werden jeweils von einem markanten Wendepunkt innerhalb des Trends eingezeichnet. Die Linien laufen parallel zur Median-Line.

Wie handelt man nun eine solche Mistgabel am besten? Zuerst ist es wichtig zu wissen, dass Sie immer nur in die Neigung der Mistgabel traden sollten. In anderen Worten: Stellen Sie sich nicht gegen den Trend. Solange die Kurse innerhalb einer Aufwärts-Pitchfork sind, sollten Sie in diesem Markt nur Long-Signale beachten.

Die gebräuchlichste Art und Weise, eine Mistgabel zu verwenden, ist, sie als Umkehrformation einzusetzen. In einer bullishen Pitchfork würden Sie mit einem Bruch der untersten Linie eine Short-Position eröffnen. Bei einer bearishen Mistgabel wird bei einem Bruch der obersten Linie eine Long-Position eingegangen.

Vereinzelt kommt es vor, dass die Kurse in einer Bull-Pitchfork die Gabel nach oben hin verlassen und in einer Baisse-Mistgabel nach unten hin. Sollte dieser Fall eintreten, muss die Pitchfork neu eingezeichnet werden, da sich die Intensität des Trends neu geeicht hat.

Pitchforks können ideal mit anderen Formationen und Candlesticks kombiniert werden. Die Stärke der Mistgabel liegt in der guten Indikation künftiger Unterstützungs- und Widerstandsbereiche.

Fibonacci-Techniken

Die Fibonacci-Technik hat längst Einzug in die klassische Chart-Analyse gehalten. Ursprünglich stammt sie aus der Elliott-Wellen-Theorie, eine leicht esoterische Analysemethode, die meint, dass sich Kurse in bestimmten Wellenmustern und Fraktalen bewegen.

Der Mathematiker Leonardo de Pisa, zwischen 1170 und 1180 geboren, veröffentlichte sein Buch *Liber Albaci* im Jahr 1202. Dieses Buch führte die arabischen Zahlen in Westeuropa ein. Seine Zahlenreihe ist als Fibonacci-Zahlenreihe bekannt. Fibonacci war übrigens der »Spitzname« dieses Mathematikers.

1-1-2-3-5-8-13-21-34-55-89-144-233

Die Fibonacci-Zahlenreihe addiert immer die jeweils letzten beiden Zahlen miteinander. Diese Zahlenserie wird in ziemlich kurzer Zeit immens groß. Das Beeindruckende an dieser Reihe ist allerdings nicht die Größe, sondern das Verhältnis der Zahlen zueinander.

Wenn eine beliebige Zahl der Fibonacci-Zahlenfolge mit der nachfolgenden dividiert wird, so ist das Ergebnis immer nah an ~0,618. Wird eine Zahl nun nicht durch die nächste, sondern die übernächste Zahl dividiert, so nähert sich das Ergebnis immer näher an ~0,382. Zusätzlich spielt in der Fibonacci-Analysetechnik die 0,5 eine wichtige Rolle. Dies sind nur einige wenige von vielen Verhältnissen der Zahlen zueinander.[5]

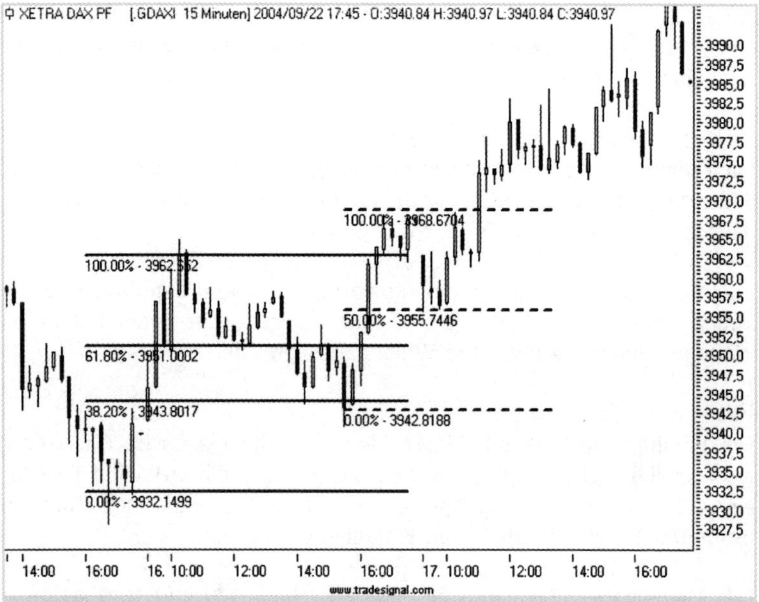

Abbildung 3.20 Fibonacci-Levels im Intraday-Chart des DAX

5 http://www.mcs.surrey.ac.uk/Personal/R.Knott/Fibonacci/fib.html – Diese Seite enthält eine Fülle von Informationen über die Fibonacci-Zahlenreihe.

Diese Fibonacci-Ratios werden auch in der Technischen Analyse verwendet. Sie weisen auf potenzielle Unterstützungs- bzw. Widerstandszonen hin.

Abbildung 3.20 zeigt den praktischen Einsatz dieser Fibonacci-Levels. Diese Levels sind einfach zu berechnen und einzuzeichnen. Sie messen die absolute Distanz eines Swings und zeichnen die prozentualen Unterstützungsniveaus bei 38,2, bei 50 und bei 61,8 Prozent. Diese Berechnungsarbeit nimmt Ihnen heutzutage jede moderne Charting-Software ab. In dem obigen Fall wurde TradeSignal (www.tradesignal.com) verwendet.

Handeln Sie nie nur aufgrund von Fibonacci-Preis-Levels. Sehen Sie diese Technik als komplementär zu anderen, bereits vorgestellten, Analysemethoden an.

Abbildung 3.21 zeigt Ihnen anhand eines Wochen-Charts, dass Fibonacci-Levels – wie der Großteil aller anderen Analysemethoden – auf allen Zeit-

Abbildung 3.21 Fibonacci-Levels bei einem Wochen-Chart der Allianz-Aktie

ebenen anzuwenden sind. In dieser *Abbildung* sehen Sie einen Wochen-Chart der Allianz-Aktie. Wie magisch angezogen und wieder abgestoßen wurden die Kurse von den Fibonacci-Levels. Dies sehen Sie anhand der kleinen Kreise illustriert.

Hätten die Kurse das letzte Fibonacci-Niveau von 70,82 Euro unterschritten, könnte man von einer vollzogenen Trendwende sprechen. Der Aufwärtstrend wäre bei Kursen unter 70 Euro zu stark korrigiert, und die Kurse wären somit in einen Abwärtstrend hineingefallen. Mit anderen Worten: Korrigieren die Kurse um mehr als 61,8 Prozent des Swings, ist der übergeordnete Trend wahrscheinlich beendet.

Die bis jetzt präsentierten Fibonacci-Abbildungen zeigten alle so genannte Retracements auf. Das sind potenzielle Unterstützungsniveaus im Falle

Abbildung 3.22 Xetra-DAX-Daily-Chart mit Fibonacci-Extensions

einer korrektiven Bewegung. Die Fibonacci-Technik kann anhand der Extension-Methode allerdings auch auf die Kursziel-Prognose umgemünzt werden. Dazu werden die bekannten Fibonacci-Relationen von 38,2 und 61,8 Prozent einfach mit 100 Prozent addiert. Die Zahlen 138,2 Prozent und 161,8 Prozent sind also für die Kursprognose hervorragend geeignet.

Abbildung 3.22 zeigt einen Tages-Chart des deutschen Aktienleitindex. Die beiden Pfeile markieren die Swings, anhand derer die Fibonacci-Levels berechnet wurden. In beiden Fällen, sowohl im Sommer 2004 als auch im Herbst 2004, konnte mit dieser Technik eine Punktlandung erzielt werden. Die Extension-Levels von 138,2 und 161,8 Prozent prognostizierten punktgenau die Wendepunkte der DAX-Swings.

Abbildung 3.23 zeigt einen Fibonacci-Cluster-Ansatz, der auf den ersten Blick ein wenig konfus wirkt. Sehen wir uns die Grafik einmal genauer an. Sie erkennen von links oben einen langfristigen Abwärtstrend, der zurzeit (21. September 2004) von den Kursen getestet wird.

Des Weiteren sind drei Fibonacci-Levels auf Basis von drei verschiedenen Swings eingezeichnet. Um diese Swings besser differenzieren zu können, sind sie mit Pfeilen markiert. Es ist höchst interessant, dass wichtige Fibonacci-Levels aller drei Swings im Gebiet zwischen 3.990 und 4.015 aufeinander treffen. Hinzu kommt der Abwärtstrend, der noch nicht überwunden werden konnte.

Dieses Chart-Bild rät uns, schnellstmöglich eine Short-Position zu eröffnen, da es sich um einen so genannten »Cluster« an Widerständen handelt. Dieser Cluster ist mit einem Rechteck gekennzeichnet. Sollte der Cluster gebrochen werden, müsste sofort in eine Long-Position gewechselt werden, da der Markt eine Hürde wichtiger Widerstände in einem Zug durchbrechen konnte. Das ist aber die eher unwahrscheinlichere Variante.

Die Fibonacci-Extensions und Retracements sind nützliche Komplementär-Werkzeuge. Sehen Sie von einer isolierten Nutzung der Fibonacci-Techniken ohne jegliche Kombination mit anderen Analysemethoden in Ihrem eigenen Interesse ab. Die Fehlerquote und die subjektive Wahrnehmung wären inakzeptabel und könnten Sie rasend schnell in die Verlust-

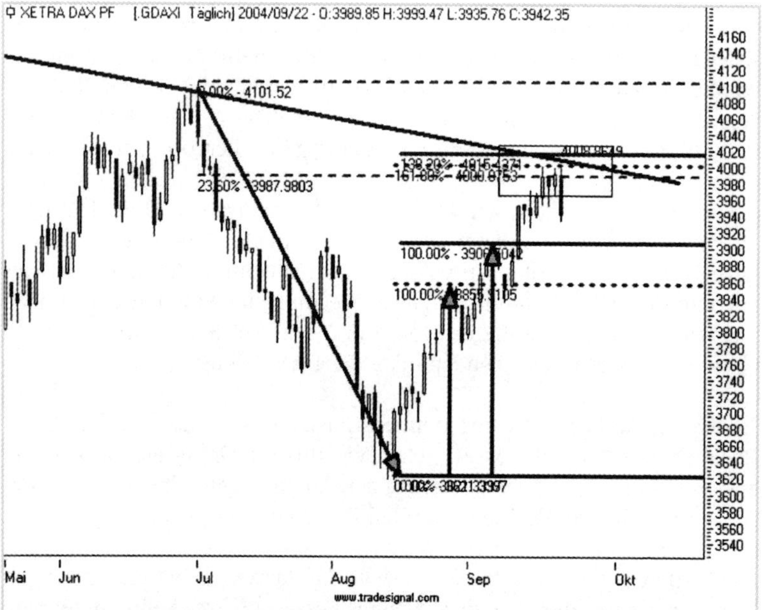

Abbildung 3.23 Xetra-DAX mit Fibonacci-Cluster

zone stürzen. Wenn sie die Fibonacci-Techniken allerdings gekonnt verwenden, wird mit Ihrem Konto wahrscheinlich das Gegenteil passieren.

Fibonacci-Zeitprojektionen

Die Technik der Fibonacci-Zeitprojektionen (Time-Cycles) verwendet die Fibonacci-Zahlenreihe und deren Ratios nicht auf der y-Achse, sondern auf der Zeitachse. Hier geht man davon aus, dass die Kurse sich in einem Zyklus bewegen, der mit den Fibo-Zahlen beschrieben werden kann.

Abbildung 3.24 zeigt ein einführendes Beispiel in diese Theorie. Die *Abbildung* zeigt absichtlich erneut den DAX, um Ihnen aufzuzeigen, dass diese Zyklen nicht nur bei irgendwelchen dubiosen Nebenwerten aufzutreten scheinen, wie manche Autoren ihre Leser glauben machen wollen. Um diese Fibonacci-Technik korrekt anzuwenden, setzen sie das Timecycle-Tool mithilfe ihrer Chart-Software (in diesem Fall TradeSignal) an einem markanten Umkehrpunkt an. In *Abbildung 3.24* wurde dies im Juni des Jahres 1999 gemacht.

Die ersten vier Linien des Timecycles sind zu knapp beieinander und können im Regelfall ignoriert werden. Ab der fünften Fibonacci-Linie wird die Sache allerdings aufschlussreicher. Die fünfte Linie zeigte – um nur eine Candle versetzt – den absoluten Tiefpunkt der Bewegung auf. Die sechste Linie zeigte ebenfalls beinahe exakt die Trendumkehr an. Selbiges geschah bei der siebten Linie.

Der absolute Knaller war allerdings Fibonacci-Zeitzyklus Nr. 8. Dieser Zyklus zeigte auf den Tag genau den Wendepunkt der Internetblase im Jahr 2000 an! Und das mit Daten aus dem Jahr 1999! Aber der Spuk war noch nicht zu Ende: Die neunte Linie zeigte exakt den Beginn einer ersten

Abbildung 3.24 Wochen-Chart des Xetra-DAX mit Time-Cycles

Gegenbewegung innerhalb des neuen Bärenmarktes an. Linie Nummer 10 konnte wieder eine taggenaue Landung im Dezember des Jahres 2002 platzieren. Die nächste Zykluswende in diesem Chart ist übrigens im September 2005.

Jede dieser Fibonacci-Zeitzykluslinien repräsentiert einen potenziellen Wendepunkt im Chart. Drehen die Kurse an diesem besagten Tag allerdings nicht, ist dies als Bestätigungssignal für den laufenden Trend zu werten. Man kann in diesem Fall von der Fortsetzung des jetzigen Trends bis zum nächsten Fibonacci-Zyklustages ausgehen.

Abbildung 3.25 zeigt einen Stunden-Chart des Xetra-DAX. Auch hier wurden die ersten, stark aneinander gereihten Linien ignoriert. Die anschließenden Wendepunkte waren allerdings fast alle Treffer ins Schwarze

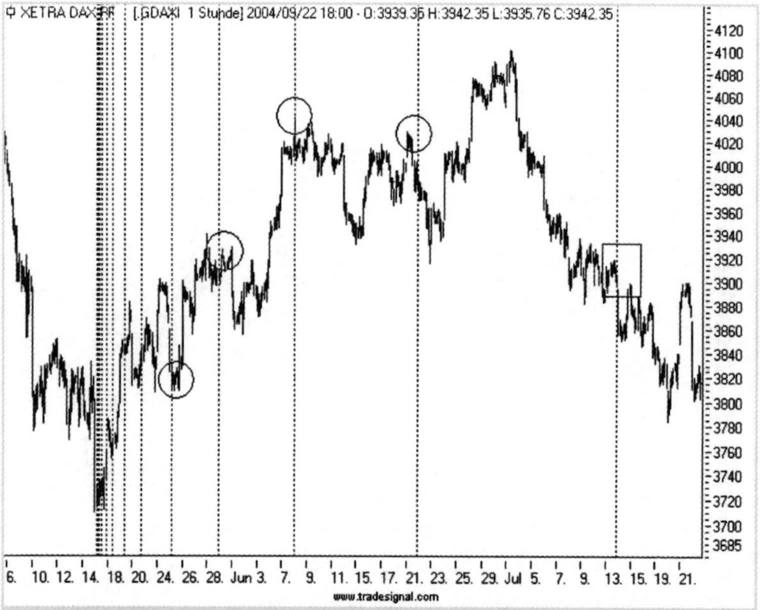

Abbildung 3.25 Stunden-Chart des Xetra-DAX

(siehe Kreise). Der 14. Juli des Jahres 2004 stellte eine Ausnahme dar (siehe Rechteck). Dem Markt wurde ein potenzieller Wendepunkt offeriert, doch die Kurse liefen durch diesen »hindurch«. Dies war ein klares Zeichen für einen sich fortsetzenden, wenn nicht gar beschleunigenden Abwärtstrend.

Dietmar Rübsamen fand in seinem Buch[6] die besten Worte für den Fall, dass ein Markt durch seine potenziellen Wendetage hindurchrasselte. Diese werden wie folgt zitiert:

»... in diesem Fall muss im Umkehrschluss von einer sehr dynamischen Fortsetzung des laufenden Trends ausgegangen werden. Dies kann aus marktpsychologischer Sicht auch gar nicht anders sein: Befindet sich ein Index in einem Abwärtstrend und nutzt seine Umkehrmöglichkeit nicht, verhält er sich wie ein Patient, der auf positive Medikamente nicht reagiert. Dadurch wird die übergeordnete Schwäche noch einmal verdeutlicht, und die laufende Bewegung setzt sich sogar noch einmal beschleunigt fort. Für einen Aufwärtstrend gilt das Gesagte genau umgekehrt. Falls an bedeutsamen Fibonacci-Zyklus-Tagen ‚nichts geschieht', ist dies für den Technischen Analysten ebenfalls eine wichtige Botschaft. Es können unter Umständen Positionen in Richtung des ‚alten' Trends noch einmal aufgestockt werden (...).«

Auch bei den Fibonacci-Zeitzyklen ist es ratsam, den so genannten Cluster-Ansatz (siehe *Abbildung 3.23*) zu verwenden. Sehen Sie auch bei den Zeitzyklen von einer isolierten Verwendung der Techniken ab. Wird diese Zykluslehre mit anderen Methoden der Technischen Analyse verknüpft, haben Sie gegenüber manch anderen Börsenakteuren einen gewaltigen Vorsprung.

Fibonacci-Fanlines

Die Fibonacci-Fanlines, auch Fächerlinien genannt, sind heutzutage in jedem modernen Chart-Programm integriert. Um einen Fibonacci-Fächer

6 , Dietmar Rübsamen
FinanzBuch Verlag (2004), ISBN: 978-3-89879-052-9

zu kreieren, müssen Sie nichts weiter tun, als eine normale Trendlinie in einem Chart einzuzeichnen. Diese sollte von einem Pivot- oder Wendepunkt ausgehen.

Diese »normale« Trendlinie ist in einem Fibonacci-Fächer die 100-Prozent-Linie. Anhand dieser werden Trendlinien in den üblichen Fibonacci-Ratios auf den Chart abgetragen. Diese sind 61,8, 50, 38,2 und 23,6 Prozent. Wird eine Fibonacci-Linie durchbrochen, ist es wahrscheinlich, dass die Kurse bis zur nächstliegenden Fibo-Trendlinie weiterlaufen, bevor sie erneut auf Widerstand bzw. Unterstützung stoßen.

Abbildung 3.26 zeigt einen realen Fibonacci-Fächer anhand des Technologie-Index NASDAQ. Sie erkennen an den kleinen Kreisen, dass die Fibonacci-Trendlinien magische Unterstützungs- und Widerstandszonen in einem Chart aufzeigen.

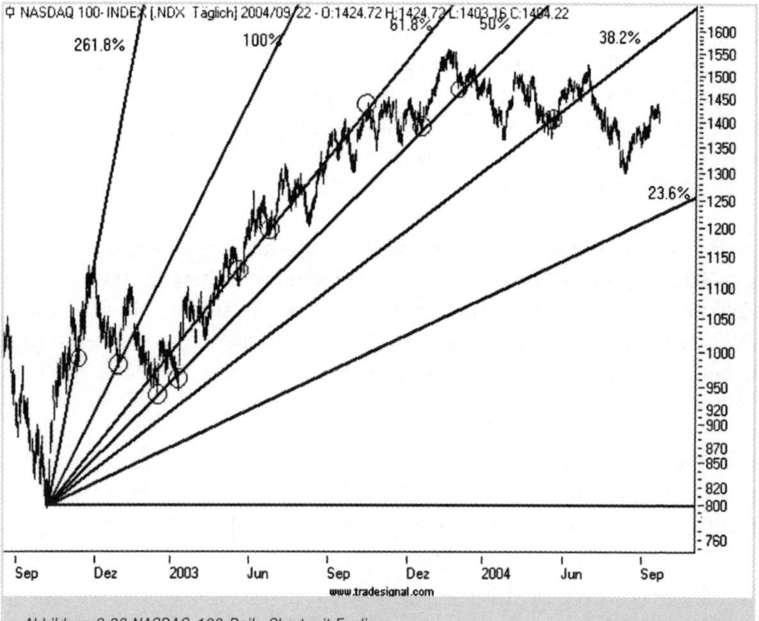

Abbildung 3.26 NASDAQ-100-Daily-Chart mit Fanlines

Auch die Fächerlinien lassen sich mithilfe des Cluster-Ansatzes verbessern. Hierfür zeichnen Sie einen aufsteigenden und einen absteigenden Fibonacci-Fächer in den Chart ein. *Abbildung 3.27* zeigt denselben Chart wie *Abbildung 3.26* – allerdings über einen längeren Zeitraum. Sie sehen in *Abbildung 3.27*, dass der Aufwärtstrend weiter intakt ist und sich beschleunigen wird, sollte die nach unten gerichtete Fächerlinie durchbrochen werden. In diesem Fall wäre mit Nasdaq-Kursen um die 1900 zu rechnen.

Wolfe-Wave

Die Wolfe-Waves wurden erstmals in dem Buch »*Top-Trading-Gewinne*«[7] präsentiert. Bei einer Wolfe-Wave handelt es sich um eine komplexe Umkehrformation, die besonders in volatilen Märkten funktioniert. Diese

Abbildung 3.27 NASDAQ-100-Daily-Chart mit Fan-Cluster

7 »*Top-Trading-Gewinne*«, Linda Bradford-Raschke
TM Börsenverlag, ISBN: 3-93085-126-1

Analysemethode ist auf allen Zeitebenen – vom Monats- bis zum Tick-Chart – gültig und zuverlässig.

Betrachten wir zuerst die bearishe Wolfe-Wave-Formation:

- Punkt 1 bildet ein erstes relatives Hoch im Chart aus.
- Punkt 2 ist die erste Korrektur des relativen Hochs.
- Punkt 3 ist ein höheres Hoch als Punkt 1. Punkt 1 und Punkt 3 bilden die Basis für die obere Trendlinie.
- Punkt 4 muss unterhalb von Punkt 1 liegen, aber oberhalb von Punkt 2. Diese beiden Punkte bilden die Basis für die untere Trendlinie.
- Punkt 5 ist an der oberen Trendlinie und liegt deshalb über Punkt 1 und Punkt 3.

Abbildung 3.28 zeigt eine solche Wolfe-Wave. Sie sehen an dem praktischen Intraday-Beispiel, dass Punkt 4 nicht exakt mit der Definition aus

Abbildung 3.28 Wolfe-Wave im Stunden-Chart des Xetra-DAX

dem Lehrbuch übereinstimmt. Da es sich bei Punkt 4 allerdings um einen Morgenstern aus der Kerzentechnik handelt, kann der versierte Investor trotzdem von einem legitimen Kaufsignal ausgehen.

Auch Punkt 5 entspricht nicht dem Idealszenario. Die Kurse laufen noch ein Stückchen die Trendlinie entlang, bevor sie tatsächlich kollabieren. Warten Sie deshalb stets auf ein legitimes Verkaufssignal, das Sie in den Trade triggert, und verkaufen Sie nicht »blind«, sobald die Kurse die Trendlinie berühren.

Wie sieht das Ganze bei einer bullishen Wolfe-Wave-Formation aus?

- Punkt 1 schwächt den laufenden Abwärtstrend erstmals ab, es setzt eine Korrektur ein.
- Punkt 2 ist das Hoch dieser Korrektur.
- Punkt 3 liegt unterhalb von Punkt 1. Beide Punkte werden mit einer Trendlinie verbunden.
- Punkt 4 liegt oberhalb von Punkt 1, aber unterhalb von Punkt 2. Punkt 4 und Punkt 1 werden mit einer Trendlinie verbunden.
- Punkt 5 liegt an der unteren Trendlinie. Hier erfolgt bei einem entsprechenden Signal die Eröffnung einer Long-Position.

Abbildung 3.30 zeigt ein Beispiel wie aus dem Bilderbuch einer Wolfe-Wave. Die Wave entspricht genau den Kriterien und erfüllt auch das volle Kurspotenzial.

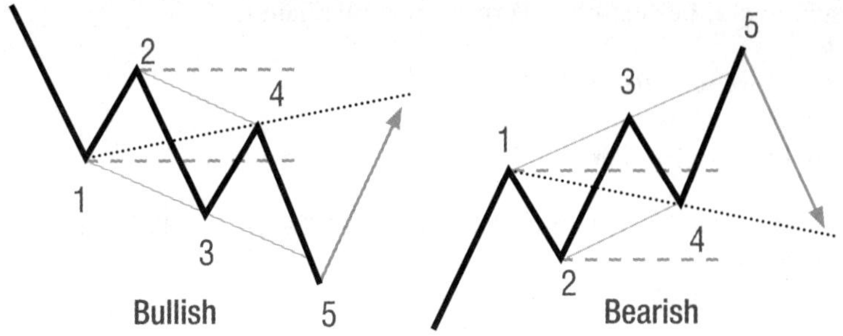

Abbildung 3.29 Wolfe-Wave

Abbildung 3.30 Bullishe Wolfe-Wave im Gold-Tages-Chart

Wolfe-Waves sind in einem Chart nicht leicht zu finden und zu erkennen. Der Aufwand lohnt sich aber. Diese Chartformation ist eine der lukrativsten und unbekanntesten Formationen überhaupt.

Weiterführende Literatur:
»Neue Trading Dimensionen«, Erich Florek,
FinanzBuch Verlag (2000), ISBN: 978-3-932114-19-9

http://www.wolfewave.com – Die offizielle Website des »Erfinders« der Wolfe-Waves

simplified

Fehlsignale

Ein Fehlsignal gehört zu den zuverlässigsten aller Chart-Signale.

– Jack D. Schwager –

In Ihrer Zukunft als Trader werden Sie mehr als einmal Bekanntschaft mit einem Fehlsignal schließen dürfen. Wenn Sie bereits aktiver Händler sind, so haben Sie sicherlich schon das Privileg genossen, das eine oder andere False-Break-out persönlich kennen gelernt zu haben. Das ist auch nicht weiter überraschend, da Sie als Technischer Analyst das Prinzip der Wahrscheinlichkeiten für Ihre Anlageentscheidungen verwenden. Und das Wort »Wahrscheinlichkeit« spiegelt – wie der Name bereits sagt – nur den prozentuellen Grad der Möglichkeit des Eintretens eines bestimmten Szenarios wider. Auch eine 95-Prozent-Wahrscheinlichkeit bringt Ihnen nichts, wenn die anderen fünf Prozent eingetreten sind und sich deshalb Ihr Trading-Konto dezimiert.

Was genau ist ein Fehlsignal? Bei einem Fehlsignal handelt es sich zuerst um ein eindeutiges Kaufsignal (z.B. der Ausbruch aus einem Dreieck oder der Bruch der Nackenlinie einer Kopf-Schulter-Formation). Die Kurse laufen nach diesem (Verkaufs-)Kaufsignal allerdings kurz darauf wieder in die Formation zurück. Zusätzlich deutet ein solches Fehlsignal auf die Möglichkeit einer Kursbewegung in die entgegengesetzte Richtung hin.

Abbildung 4.1 zeigt ein Fehlsignal in einem Abwärtstrend im Stunden-Chart des DAX. Es ist deutlich, dass sich der Leitindex in einem dynamischen Trend talwärts befindet. Am 21. Juli 2004 brachen die Kurse kurzfristig über die Abwärtstrendlinie hinaus. Dies generierte ein Kaufsignal nach dem Lehrbuch. Innerhalb eines Handelstages fielen die Kurse allerdings in die alte Konstellation zurück.

Abbildung 4.1 False-Break-out im Ein-Stunden-Chart des Xetra-DAX

Hätten Sie in *Abbildung 4.1* eine Long-Position eröffnet, würden Sie sich mit Verlusten konfrontiert sehen. Es ist deshalb enorm wichtig, stets mit Stopp-Loss-Kursniveaus zu arbeiten, um Ihr Verlustpotenzial zu minimieren.

Das eingangs erwähnte Zitat tituliert Fehlsignale als die zuverlässigste Chart-Formation. Dies rührt von ihrer Eigenschaft her, dass nach dem Auftreten eines Fehlsignals die Kursbewegungen in die Gegenrichtung meist besonders stark ausfallen. Davon können versierte Trader meist exorbitant profitieren, zumindest wenn sie ihre Position rechtzeitig umkehren.[8]

8 Wenn der Börsianer von der Umkehrung einer Position spricht, so ist das Schließen der vorigen Position gemeint, allerdings mit einer gleichzeitigen Eröffnung einer Position in die Gegenrichtung – zum Beispiel eine Long-Position glattstellen und eine Short-Position eröffnen und umgekehrt.

Anfänger verlieren mit Fehlsignalen häufig Geld. Das lässt sich auf deren eisernen Willen, ohne Stopp-Loss-Techniken zu handeln, zurückführen. Dieses Verhalten gleicht dem eines Akrobatenlehrlings, der ohne Sicherheitsnetz in schwindelnder Höhe über einen Draht balanciert. Jeder ist schon einmal vom Seil gefallen (auch die heutigen Profis), aber die, die heute ihr Geld damit verdienen, sind anfangs in einem weichen Netz gelandet.

Der Anfänger wird, wie alle anderen Anlegergruppen, eine Position in die Ausbruchsrichtung eröffnen. Nachdem die Kurse allerdings wieder in die Formation zurückkehren und der Anleger seine Gewinne dahinschmelzen gesehen hat, schließt er seine Position nicht. Das Prinzip Hoffnung kommt ins Spiel. Sätze wie: »Der Markt holt nur vorübergehend Luft« und »Das ist nur eine Zwischenerholung« sind purer Selbstmord.

Abbildung 4.2 zeigt, wie Sie von einem False-Break-out profitieren können. Die BASF-Aktie befand sich die ersten zwei Wochen im September

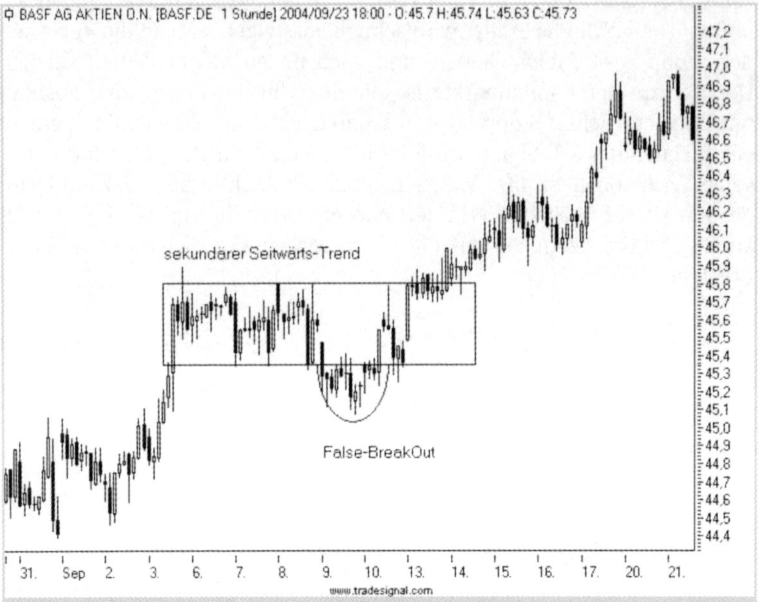

Abbildung 4.2 False-Break-out im Ein-Stunden-Chart der BASF-Aktie

2004 in einem Seitwärtstrend (siehe Rechteck). Die Kurse verließen den Seitwärtstrend durch die untere Unterstützung bei 45,35 Euro.

Die nachfolgenden Kursverluste waren weder von zeitlicher noch von preislicher Intensität geprägt. Innerhalb eines Handelstages kehrten die Kurse in den alten Seitwärtstrend zurück, nachdem sie von der »magischen Unterstützung« bei 45,00 Euro abgeprallt waren.

Da sich die Aktie in einem primären Aufwärtstrend befand, konnten Sie eine Long-Position mit dem Wiedereintritt in die Formation eröffnen und dadurch Ihr Gewinnpotenzial steigern. Diese Technik der frühen (auf Fehlsignalen basierenden) Positionseröffnung ist allerdings nur erfolgreich, wenn Sie die technischen Rahmenbedingungen in Ihre Analyse mit einfließen lassen.

Zusammenfassend lässt sich Folgendes feststellen: Der Anfänger wird ein Fehlsignal ignorieren, auf seiner Position sitzen bleiben und auf das Beste hoffen. Der erfahrene Trader wird schnell aussteigen, sobald die Kurse seinen Stopp-Loss erreicht haben, und nach neuen Möglichkeiten suchen. Der Experte der Kapitalmärkte ist allerdings in der Lage, seine Position mit Erreichen seines Stopp-Loss zu schließen und anschließend mit einem entsprechenden Sell-Signal seine Position umzukehren. Dadurch dreht er seine Verlustposition aller Wahrscheinlichkeit nach in eine Gewinnposition um. Dieses Verhalten erfordert enorme Disziplin und ein hohes Maß an Flexibilität. Seien Sie auf die psychologischen Fallstricke von False-Break-outs vorbereitet!

Volumenanalyse

Neben den Faktoren Preis und Zeit gibt es noch einen weiteren großen Einfluss auf das künftige Verhalten der Kurse: das Volumen. Das Volumen wird im deutschsprachigen Gebiet auch Umsatz oder Börsenumsatz genannt.

Beim Volumen handelt es sich um die Anzahl getätigter Geschäfte in der angezeigten Zeitperiode. Das Volumen offenbart dem Technischen Analysten somit, wie viele Aktien (oder andere Finanzinstrumente) an diesem Tag den Besitzer gewechselt haben. Das Volumen zeigt dem Analysten allerdings nicht, ob mehr Aktien ge- oder verkauft wurden, da jede

Abbildung 5.1 Metro-Tages-Chart mit Volumen-Balkendiagramm

Aktie, die verkauft wird, im Gegenzug auch von einer Gegenpartei gekauft werden muss.

In der Regel wird das Volumen in Form eines Balkendiagramms im unteren Bereich des Charts angezeigt (siehe *Abbildung 5.1*). Der Börsenumsatz kann aber auch Grundlage für technische Indikatoren oder Oszillatoren sein (siehe nächstes Kapitel).

Das Balkendiagramm ist eine sehr übersichtliche Darstellung der Volumenentwicklung, da es deutlich die Zu- und Abnahme der Handelsaktivität in Relation zu zeitnahen Handelstagen aufzeigt.

Volumen und Trend

Eine Grundregel der Volumenanalyse ist, dass sich das Volumen im Gleichschritt mit dem Kurstrend entwickeln sollte. Steigen die Kurse in

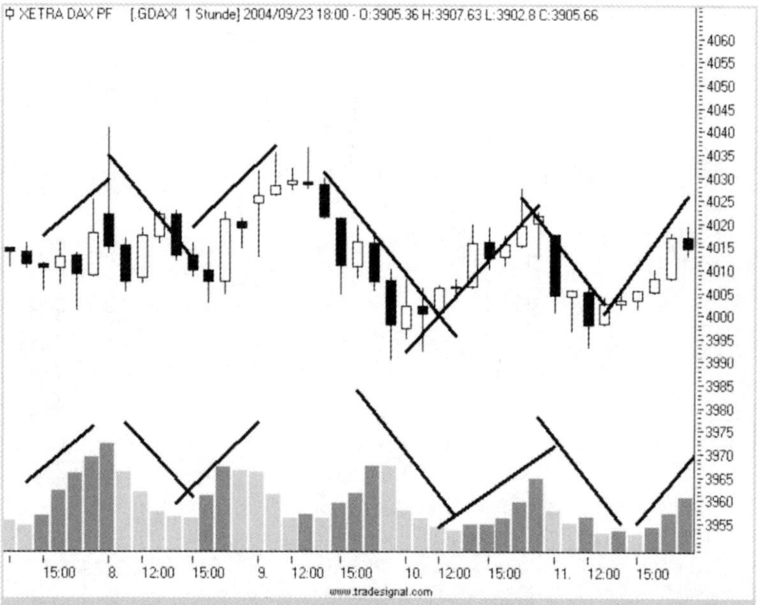

Abbildung 5.2 Volumen bestätigt den Trend im Stunden-Chart des Xetra-DAX

einem Aufwärtstrend konstant an, so sollte auch das Volumen einen stetigen Zuwachs verbuchen können. In einem Abwärtstrend sollte das Volumen nach Möglichkeit stetig abnehmen.

Abbildung 5.2 zeigt anhand eines Stunden-Charts des Xetra-DAX, wie das Volumen den vorherrschenden Trend bestätigen sollte. Fast auf die Stunde genau wechselt die Tendenz der Volumenentwicklung mit der Kursentwicklung. Wenn sich ein Aufwärtstrend bildet und das Volumen innerhalb diesem rückläufig ist, so sollten bei Ihnen die ersten Warnlampen blinken.

Zusätzlich wird das Volumen dazu verwendet, nach Divergenzen im Chart Ausschau zu halten. Eine Volumen-Divergenz ist ein Szenario, in dem das Volumen die Kursbewegung nicht unterstützt, sondern ihr widerspricht.

Abbildung 5.3 False-Break-out mit Volumen-Divergenz

Abbildung 5.3 zeigt, wie Sie anhand des Volumens False-Break-outs lokalisieren können. Die Kurse des DAX erreichten im Juli zwar neue Hochs und konnten den alten Widerstand durchbrechen, das Volumen war allerdings stark rückläufig. Die neuen Hochs wurden nicht vom Volumen bestätigt. Der versierte Anleger konnte somit ein False-Break-out frühzeitig erkennen und mit der Eröffnung einer Short-Position von diesem profitieren.

Volume-Ratio

Es empfiehlt sich allerdings nicht, in allen Situationen das Balkendiagramm zur Volumenanalyse zu verwenden. Speziell langfristige Trends der Umsätze lassen sich mit dieser Darstellungsmethode nur sehr schwierig ausmachen. Deshalb gibt es mathematische Methoden, um den Börsianern das Leben zu erleichtern. Diese mathematischen Berechnungen und deren grafische Abbildung im Chart werden Indikatoren genannt. Auf diese Gattung der Analyse werden wir im nächsten Kapitel genauer zu sprechen kommen.

Eine mathematische Methodik, das Volumen übersichtlicher darzustellen, ist das »Volume-Ratio (VRAT)«. Dieser Indikator berechnet das Volumenverhältnis über einen frei wählbaren Beobachtungszeitraum. Das Verhältnis wird für jede Zeitperiode aus der Summe der zunehmenden (V_1), abnehmenden (V_2) und konstanten Volumina gebildet.

$$VRAT = 100 \times \frac{V_1 + 0{,}5 \times V_1}{V_2 + 0{,}5 \times V_2}$$

Abbildung 57 zeigt einen 15-Minuten-Chart des Xetra-DAX mit dem VRAT-Indikator. Konzentrieren wir uns zuerst auf das Chartbild. Anhand der dicken gestrichelten Linie wird klar ersichtlich, dass sich der Index in einem übergeordneten Aufwärtstrend befindet. Ein kurzer Blick auf das Volumen zeigt allerdings, dass der Umsatz den Kursanstieg nicht bestätigt. Dies nennt der versierte Anleger eine baissierende Divergenz.

Obwohl die Kurse stetig neue Hochs verzeichnen, ist das Volumen von 13. bis 16. August 2004 stark rückläufig. Am 17. August markierten die

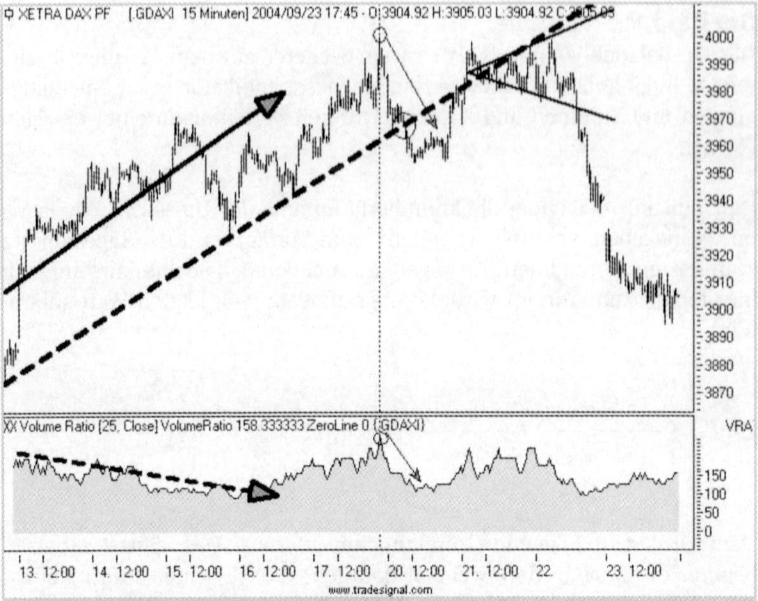

Abbildung 5.4 15-Minuten-Chart mit VRAT-Indikator

Kurse einen neuen Hochpunkt, der allerdings auch Wendepunkt im Volumen-Indikator war (siehe vertikale Linie). Im Zuge dessen befanden sich die Kurse in einem tertiären Abwärtstrend, der auch durch das Volumen bestätigt wurde.

Ist bei der primären Aufwärtstendenz der Kurse bereits eine baissierende Divergenz aufgetreten und werden zusätzlich die Korrekturbewegungen vom Volumen unterstützt, ist es kein Trugschluss, von einem baldigen Bruch der Aufwärtstrendlinie auszugehen. Dieser trat auch per 20. August ein. Nach einem kurzen Retracement und einer Broadening-Top-Formation brachen die Kurse, wie es sich bereits seit Anfang des Monats ankündigte, in sich zusammen.

On-Balance-Volume

Der On-Balance-Volume (OBV) ist ein weiterer auf dem Volumen basierender Indikator. Zusätzlich verbindet dieser Indikator sogar Kursbewegungen und Volumen und kombiniert deren Verhältnis in einer einzigen Formel.

Der Indikator berechnet die kumulierte Summe des Umsatzes. An Tagen mit gestiegenem Schlusskurs (relativ zum Vortag) wird der Tagesumsatz zum letzten Wert addiert. An Tagen mit rückläufigen Schlusskursen (auch hier relativ zum Vortag) wird der Tagesumsatz vom letzten Wert subtrahiert.

$$OBV = \Sigma \frac{Close - Close_{Vortrag}}{Close_{Absolut} - Close_{Vortrag}} \; x \; Umsatz$$

Dem OBV geht folgende Grundannahme voraus: Das »Smart Money«[9] beginnt die großen Trendwenden dadurch, dass es einen Informations- oder Wissensvorsprung besitzt. Dadurch beginnt der OBV innerhalb eines intakten Kurstrends die Richtung zu wechseln. Dieses Phänomen ist unter dem Namen Divergenz bereits vorgestellt worden. Während die breite Anlegermasse dieselbe Position bezieht, gleichen sich OBV und Kurstrend wieder aus, und der Prozess beginnt erneut. In anderen Worten heißt das: Der OBV ist für die effiziente und effektive Divergenzanalyse geschaffen worden.

Abbildung 5.5 zeigt ein Beispiel der Divergenzanalyse im Stunden-Chart der BMW-Aktie. Die Aktie befand sich in einem intakten Aufwärtstrend, der vom OBV bestätigt wurde. Am 6. September 2004 bildete sich allerdings ein Doppel-Top aus, ein erstes Warnsignal auf einen möglichen bevorstehenden Trendbruch. Der nächste Handelstag begann mit einer Hiobsbotschaft: Der Aufwärtstrend im OBV war gebrochen. Solange die Kurse oberhalb der Aufwärtstrendlinie verweilten, handelte es sich um eine baissierende Divergenz.

9 Börsenbezeichnung für Kapital von erfahrenen Anlegern

Abbildung 5.5 BMW-Stunden-Chart mit OBV

Alles deutete auf eine baldige Eröffnung einer Short-Position hin. Nur die Kurse liefen noch die Trendlinie entlang. Als diese am Vormittag des 9. September den Aufwärtstrend durchbrachen, konnte man ruhigen Gewissens short gehen.

Selling-Climax

Ein Selling-Climax (wortwörtlich übersetzt ein Verkaufshöhepunkt) ist ein Punkt von extrem expandierendem Volumen nach einem Preisverfall. Ein solcher Climax tritt nach starken, meist rasanten Kursverlusten auf.

Bei einem Selling-Climax kommen zu einem bestimmten niedrigen Preis kapitalstarke Anleger in den Markt, die die Aktie eindeutig als zu billig einstufen. Die anderen Anleger, die bis zum Auftreten des Selling-Climax Panikverkäufe getätigt hatten, sehen den Nachfrage-Boom und springen auf den (in die Gegenrichtung) fahrenden Zug auf. Der Abwärtstrend kann dadurch gebrochen werden.

Abbildung 5.6 Allianz-Aktie mit Selling-Climax

Tritt nach einem solchen Climax ein Aufwärtstrend auf den Plan, ist es selbstredend, dass dieser von einem fallenden Volumen begleitet wird. In diesem Fall handelt es sich allerdings um keine regelkonforme Divergenz, da sonst das Climax gar nicht existieren könnte.

Abbildung 5.6 zeigt ein Beispiel eines Selling-Climax anhand eines Stunden-Charts der Allianz-Aktie. Der Höhepunkt des Volumens ist gleichzeitig der Tiefpunkt des Abwärtstrends und damit der Wendepunkt. Der Selling-Climax wird durch einen Bruch des Abwärtstrends bestätigt. Dies gestattet die Eröffnung einer Long-Position.

simplified

Fazit

Handeln Sie niemals nur anhand der Umsatzentwicklung. Kombinieren Sie die Techniken der Volumenanalyse mit denen der Darstellungs- und Formationsanalyse, um so einen ganzheitlichen technischen Analyseansatz zu verwirklichen. Das Volumen kann Ihnen in brenzligen Situationen nützliche Informationen offenbaren.

simplified

Indikatoren und Oszillatoren

Dieses Kapitel beschäftigt sich mit technischen Indikatoren und deren praktischem Einsatz im alltäglichen Börsenhandel. Technische Indikatoren werden anhand mathematischer Formeln berechnet, und das Ergebnis wird grafisch im Chart abgebildet. In die Berechnungsformeln der Indikatoren fließt die Kurs- und/oder Umsatzentwicklung eines beliebigen Finanzinstrumentariums ein.

Gleitende Durchschnitte

Die Gleitenden Durchschnitte sind die mit Abstand am weitesten verbreiteten Indikatoren unter den Anlegern. Im englischen Sprachschatz sind sie unter »Moving Averages« (MA) bekannt, zu Deutsch werden die Gleitenden Durchschnitte mit GD abgekürzt.
Ein Gleitender Durchschnitt ist der preisliche Durchschnitt der Kurse über eine frei wählbare Zeitperiode.

Die Hauptaufgabe eines GDs liegt in der Glättung der Kursentwicklung. Durch den Einsatz eines GDs erkennt der Technische Analyst ohne großen Aufwand

- die allgemeine Trendrichtung anhand der Neigung eines langfristigen GDs (aufwärts, abwärts oder seitwärts),
- Unterstützungs- und Widerstandszonen, und er erklärt
- explizite Handelssignale (durch Kreuzungen der Kurse und GDs).

Es gibt verschiedene Berechnungsarten, um die Werte für einen Gleitenden Durchschnitt zu ermitteln. Die Grundvariante der GDs ist der einfache Gleitende Durchschnitt (Simple Moving Average, SMA). Bei einem SMA handelt es sich um das einfache arithmetische Mittel mehrerer Kurse einer Zeitreihe. Das bedeutet, dass die Schlusskurse über den Beobachtungszeitraum addiert und durch deren Anzahl dividiert werden.

Ein Exponentiell Geglätteter Durchschnitt (EMA) misst der jüngsten Kursentwicklung eine stärkere Bedeutung bei. Der Kurs mit dem größten Einfluss auf die Berechnung des Exponentiell Geglätteten Durchschnitts ist zugleich auch der aktuellste. Den geringsten Einfluss hat der älteste Kurs der Datenreihe. Die Gewichtung erfolgt exponentiell auf der Zeitachse.

Ein gewichteter gleitender Durchschnitt (Weighted Moving Average, WMA) kann das Gewicht noch stärker auf die jüngere Kursentwicklung verlagern. Die Gewichtung erfolgt hier allerdings nicht exponentiell, sondern linear.

Abbildung 6.1 zeigt die drei verschiedenen Berechnungsvarianten der GDs in einem Chart auf. Die ausgefüllte Linie stellt einen SMA, die gestrichelte Linie einen EMA und die gepunktete Linie einen WMA dar. Es ist klar zu erkennen, dass die Differenz der Berechnungsmethoden sich nur in starken Trendphasen, nicht aber in volatilen Seitwärtsphasen bemerkbar macht.

Abbildung 6.1 GDs im Xetra-DAX-Stunden-Chart

In der Finanzbranche wird bei Tages-Charts gerne der 200-Tage-Durchschnitt beachtet, um langfristige Kursbewegungen zu glätten. Für mittelfristige Trends verwendet der Bankanalyst am liebsten den 50-Tage-Durchschnitt und im kurzfristigen Bereich den 20-Tage-Durchschnitt. Es ist gut, diese Werte zu kennen, um zu wissen, woran sich die breite Masse der Anleger und so mancher Bankanalyst orientiert.

Handelssignale werden generiert, wenn die Kurse die Gleitenden Durchschnitte kreuzen. Diese Technik generiert allerdings meistens eine Vielzahl von Fehlsignalen und ist kaum profitabel. Deshalb werden heute die Kreuzungen der GDs untereinander als Handelssignale interpretiert. Schneidet ein kurzfristiger GD den langfristigen GD von unten nach oben, so handelt es sich um ein Kaufsignal. Schneidet ein kurzfristiger GD den langfristigen GD von oben nach unten, so handelt es sich um ein Verkaufssignal (siehe *Abbildung 6.2*).

Abbildung 6.2 Dow Jones mit 50er-(Punkt) und 200er-SMA

Im kurzfristigen Handel werden hierfür meist Einstellungen aus der Fibonacci-Technik verwendet. So können auf einem 15-Minuten-Chart ein 5er-, ein 13er- und ein 21er-GD meist ein gutes Zusammenspiel liefern. Die »magische« Zahlenkombination aus Berechnungszeiträumen gibt es allerdings nicht. Je nach Marktlage und Volatilität eignet sich jede Einstellung mehr oder minder gut oder schlecht.

So gut die Handelssignale in einem Trendmarkt der GD-Überkreuzungen funktionieren (siehe *Abbildung 6.2*), so schlecht sind sie in einem Seitwärtsmarkt. Hätten Sie in der *Abbildung 6.3* jedes Handelssignal der GDs gehandelt, dann hätten Sie im Jahr 2004 einen satten Verlust eingefahren. Sehen Sie somit in Seitwärtsmärkten von einem Einsatz der GDs ab. Diesen erkennen Sie am besten daran, wenn die langfristigen GDs beinahe waagrecht verlaufen.

Abbildung 6.3 Versagen der GDs im Seitwärtsmarkt

Hüten Sie sich auch hier vor der Fußangel, GDs isoliert zu betrachten. Sehen Sie diesen Indikator als Komplementär-Technik für andere technische Analysemethoden an.

MACD (Moving Average Convergence / Divergence)

Der MACD wurde von G. Appel im Jahre 1979 entwickelt und veröffentlicht. Dieser technische Indikator stellt eine Mischung aus drei exponentiell gewichteten Gleitenden Durchschnitten dar, die in zwei Linien ausgedrückt wird – der MACD- und der Signallinie.

Die MACD-Linie repräsentiert die absolute Differenz zwischen einem EMA 12 und einem EMA 26. Die Signallinie ist ein EMA 9. Exponentielle Durchschnitte werden verwendet, um die jüngere Kursbewegung stärker in die Signalgenerierung einfließen zu lassen.

Ein Kaufsignal entsteht, wenn die Signallinie die MACD-Linie von unten nach oben schneidet. Ein Verkaufssignal entsteht, sobald die Signallinie die MACD-Linie von oben nach unten schneidet. Zusätzlich sollte der Trend des Indikators mit dem Kurstrend übereinstimmen, da es sich sonst um eine divergierende Entwicklung handelt

Da die verwendeten Durchschnitte kurzfristiger Natur sind, ist auch die Gültigkeit der Signale kurzfristiger Natur. Wenn Sie mit diesem Indikator längerfristige Signale generieren wollen, empfiehlt es sich, nicht die Standardeinstellung zu verstellen, sondern die betrachtete Zeitebene zu vergrößern. Betrachten Sie für längerfristige Einschätzungen den Wochen- oder Monats-Chart.

Um Fehlsignale des Indikators zu minimieren, sollte dieser in Seitwärtsphasen nicht eingesetzt werden. Ähnlich dem Gleitenden Durchschnitt in *Abbildung 6.1* werden Signale zu spät generiert und können rasend schnell angehäuftes Kapital vernichten. In Trendmärkten liefert der MACD-Indikator in Kombination mit der Formationsanalyse allerdings hervorragende Ergebnisse (siehe *Abbildung 6.4*). Warten Sie bei Signalen des Indikators immer eine Bestätigung der Kurse ab.

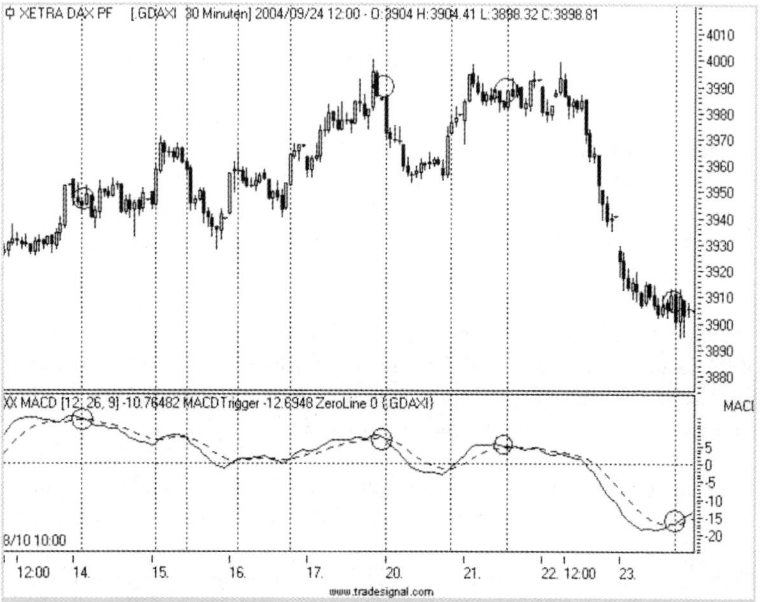

Abbildung 6.4 Xetra-DAX-30-Minuten-Chart mit MACD-Indikator

CCI (Commodity Channel Index)

Der Commodity Channel Index wurde von Donald Lambert im Jahre 1980 entwickelt und der Öffentlichkeit präsentiert. Der CCI versucht, bestimmte zyklische Entwicklungen aufzuzeigen, indem die Differenz der Kurse zu ihren Gleitenden Durchschnitten berechnet wird.

Der CCI oszilliert um eine Nulllinie. Allerdings sind Werte zwischen +100 und –100 als trendneutral einzustufen. Befindet sich der Indikator innerhalb dieser Punkte-Range, ist keine Handelsaktivität zu verrichten.

Ein Kaufsignal entsteht, sobald der Indikator die –100-Linie von unten nach oben kreuzt. Umgekehrt gilt: Ein Verkaufsignal entsteht, sobald der CC die +100-Linie von oben nach unten kreuzt. Zusätzlich hat der CCI ein Kontrollsystem für Fehlsignale eingebaut. Kreuzt der CCI die +100-Linie von unten nach oben, so kann die offene Position glattgestellt werden. Kreuzt der CCI die –100-Linie von oben nach unten, sollte die Position ebenfalls geschlossen werden.

Abbildung 6.5 zeigt einen Monats-Chart des Xetra-DAX und einen CCI. Sie erkennen, dass der CCI das Top der Internet-Blase im Jahr 1999 perfekt erwischt hat und leerverkaufte. Anfang 2001 wurde die Position allerdings zu früh glattgestellt, und es folgte ein kleiner Verlust-Trade. Doch die Rallye des Jahres 2004 hat der CCI vom Tiefpunkt an mitgenommen und am Hoch verkauft!

Warten Sie allerdings auch beim CCI stets eine Bestätigung innerhalb der Kurse ab, und agieren Sie nur in Richtung des übergeordneten Trends.

Abbildung 6.5 Xetra-DAX-Monats-Chart mit CCI

KAMA (Kaufmanns Adaptive Moving Average)

Der KAMA-Indikator stellt eine verbesserte Variante eines Gleitenden Durchschnitts dar. Der Indikator wurde 1998 von Perry J. Kaufmann entwickelt. Er versucht, gegen die Inflexibilität der GDs mithilfe seines »adaptiven Ansatzes« anzukämpfen. Der KAMA konzentriert sich mehr auf die Trendeffizienz als auf die zugrunde liegende Volatilität des Finanzinstruments.

Die Trendphase wird durch den Steigungswinkel der Linie angezeigt. Fällt die Linie, herrscht ein Abwärtstrend vor. Steigt die Linie, so handelt es sich um einen Aufwärtstrend. Verläuft die Linie horizontal, liegt eine trendlose Phase vor.

Der KAMA liefert Signale, sobald die Kurse diesen durchstoßen. Zusätzlich ist der KAMA ein gutes Unterstützungs- und Widerstandsniveau in Trendphasen.

Abbildung 6.6 zeigt einen Tages-Chart des Xetra-DAX mit einem 21er-KAMA. Anhand der Kreise erkennen Sie, dass der KAMA gut die Unterstützungsbereiche im Aufwärtstrend aufzeigt. Im Rechteck rechts oben im Bild sehen Sie, dass der KAMA in einem Seitwärtstrend beinahe horizontal verläuft. Ignorieren Sie in diesem Fall jegliche Art von Trendfolge-Signalen (insbesondere Gleitende Durchschnitte) und setzen Sie antizyklische Methoden ein.

RSI (Relative Stärke Index)

Der RSI wurde von Welles Wilder im Jahr 1978 der Öffentlichkeit als Momentum-Oszillator vorgestellt. Der RSI versucht, die Stärke der Kursbewegung eines Finanzinstruments aufzuzeigen. Der RSI berechnet das Verhältnis der Schlusskurse zueinander. Dieses Verhältnis kann zwischen 0 und 100 schwanken, wobei 0–30 (oversold) und 70–100 (overbought) eine Extremzone darstellen.

Werte von 70 und mehr zeigen, dass der Markt »überkauft« ist, Werte unter 30 zeigen irrationale (Panik-)Verkäufe auf. Sobald der RSI wieder in den Normalbereich zurückkehrt, stellt dies also ein Handlungssignal dar.

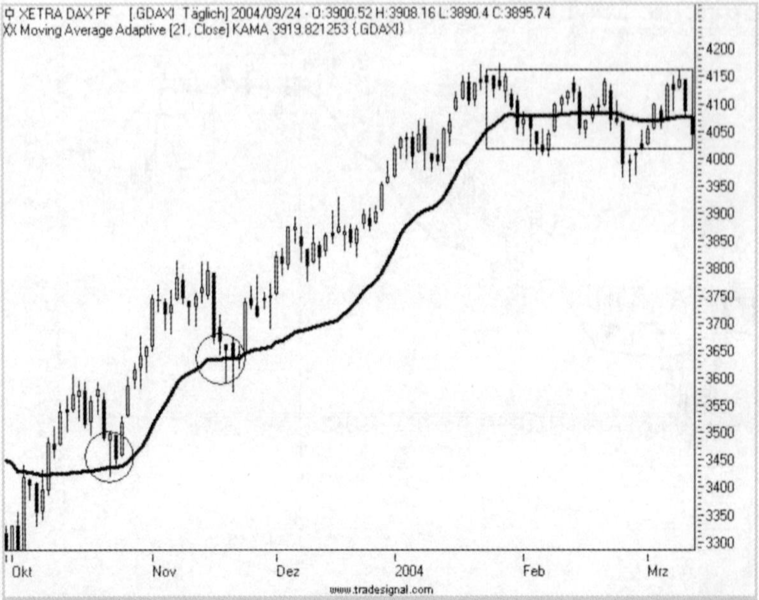

Abbildung 6.6 Xetra-DAX-Tages-Chart mit KAMA

Innerhalb des RSI können Sie normale charttechnische Werkzeuge wie Trendlinien oder Kopf-Schulter-Formationen verwenden. Diese können Ihnen frühzeitig Information über die künftige Entwicklung des Indikators geben.

Abbildung 6.7 zeigt *Abbildung 6.6*, um den RSI Indikator erweitert. Sie sehen, dass der RSI den Aufwärtstrend durchwegs bestätigt hat. Als allerdings der Aufwärtstrend des RSI gebrochen war und der RSI in den Bereich von < 70 zurückkehrte, blinkten alle Warnlampen hellrot. Am 29 Januar 2004 hätte jegliche Long-Position im Markt glattgestellt werden müssen.

Das Problem des RSI ist, dass er dem Trader viel Spielraum für Subjektivität und einen großen Interpretationsspielraum gibt. Die Signale des RSI sind isoliert beinahe nutzlos. Nur in Kombination mit anderen Analysetechniken können Sie das Potenzial des Oszillators voll ausnutzen.

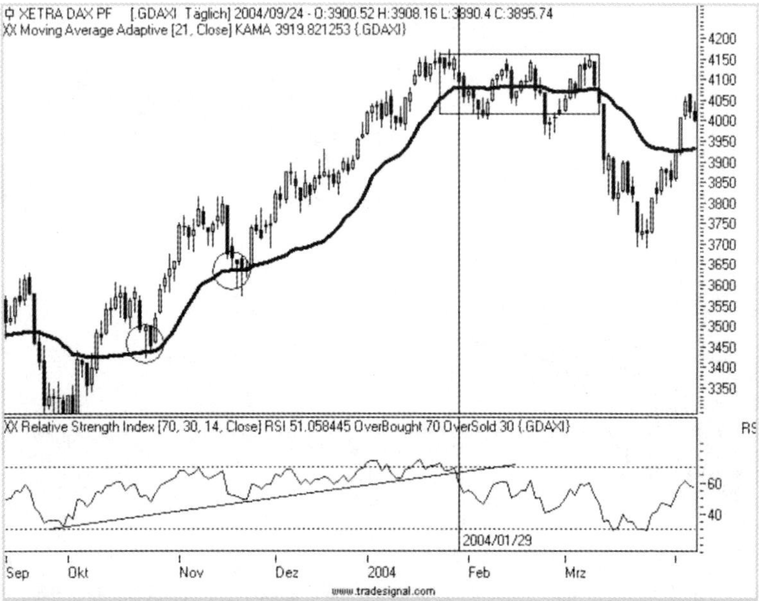

Abbildung 6.7 Xetra-DAX mit KAMA und RSI

Stochastik

Der Stochastik-Indikator zeigt die Relation des aktuellen Schlusskurses zur Kurshistorie an. Sein Entwickler G.C. Lane entdeckte, dass bei Kursrückgängen die Kurse nahe dem Tagestief und bei Kursanstiegen nahe dem Tageshoch schließen. Diese Beobachtung ist allerdings auf allen Zeitebenen gültig. Der Indikator selbst zeigt die Differenz zwischen dem aktuellen Schlusskurs und dem Tief der betrachteten Handelsspanne auf. Durch diesen Indikator kann der aktuelle Schlusskurs in Relation zu absoluten Hoch- bzw. Tiefpunkten im Chart gesetzt werden.

Der Stochastik-Indikator gibt äußerst gute Signale. Betrachten Sie den Tages-Chart des Xetra-DAX mit diesem Indikator (siehe *Abbildung 6.8*). Anhand dieser Signale konnte sowohl am Aufwärtstrend des Jahres 2003 als auch an der Seitwärtsphase des Jahres 2004 profitiert werden. In

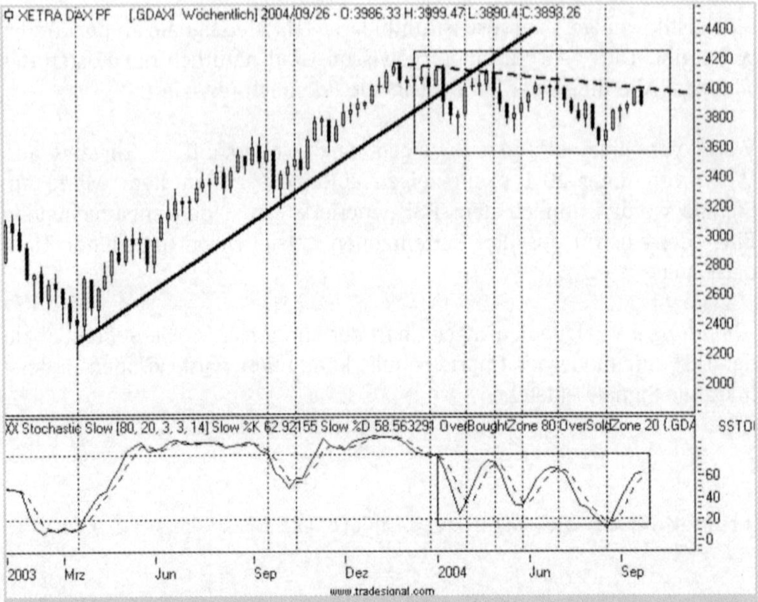

Abbildung 6.8 Stochastik im Tages-Chart des DAX

einem Trend tendiert der Stochastik-Indikator dazu, Ihnen dabei zu helfen, Ihre Gewinne zu maximieren und die Position nicht frühzeitig zu schließen.

In volatilen und wellenförmigen Seitwärtsphasen erwischt der Stochastik-Indikator beinahe jedes Top/Bottom auf ein oder zwei Tage Differenz.

Achten Sie bei diesem Indikator allerdings stets darauf, dass Sie nicht gegen einen Trend handeln. Eröffnen Sie nur antizyklische Positionen, wenn Sie sich eindeutig in einem Seitwärtsmarkt befinden. Der KAMA-Indikator kann Ihnen bei der Trendbestimmung behilflich sein!

DSS (Double-Smoothed-Stochastik)

Der DSS-Indikator glättet die Input-Daten der Stochastik zusätzlich durch einen exponentiellen Gleitenden Durchschnitt. Das bewirkt, dass diese

Stochastik weniger »nervös« ist und klarere Handelssignale an den Trader weitergibt. Dies geht zu einem gewissen Grad natürlich auf Kosten des Timings. Allerdings werden Fehlsignale erheblich reduziert.

Werte von über 80 Prozent zeigen einen »überkauften« Zustand auf, Werte von unter 20 Prozent zeigen einen »überverkauften« Markt an. Signale werden ähnlich dem RSI generiert. Durch den entsprechenden Ein- oder Austritt aus den Extremzonen entstehen entsprechende Handelssignale.

Abbildung 6.9 zeigt einen Tages-Chart der Lufthansa AG. Sie sehen:Sobald der DSS mit moderner Chart-Technik kombiniert wird, können äußerst lukrative Signale entstehen.

Abbildung 6.9 Lufthansa-Tages-Chart mit DSS

DMI (Directional Movement Index)

Der DMI-Indikator wurde wie der RSI-Indikator von Welles Wilder entwickelt. Dieser Indikator soll zeigen, ob das betrachtete Finanzinstrument einen Trend besitzt und, wenn dem so ist, wie stark dieser ist.

Die Definition eines Aufwärtstrends definiert Welles Wilder als Folge neuer Höchstkurse. Der Abwärtstrend ist die Folge neuer Tiefstkurse. Die Linie + D zeigt die Differenz aller Höchstkurse, die Linie –D die Differenz der Tiefstkurse auf.

Ein hoher Wert des Indikators zeigt einen starken Trend an, während ein niedriger Wert auf einen schwachen Trend hindeutet. Der DMI sagt allerdings nichts über die Richtung selbst aus. Zusätzlich zeigt der Indikator an, wann die Stärke eines Trends nachlässt oder zunimmt. Dies lässt auf ein Ende oder den Neubeginn eines Trends schließen.

Betrachten wir nun *Abbildung 6.10*. Der Xetra-DAX befand sich von 12. September 2004 an in einem rasanten Aufwärtstrend. Dieser wurde durch einen ansteigenden DMI bestätigt. Der Indikator brach seinen Aufwärtstrend bei der ersten vertikalen Linie und deutete somit eine leichte Divergenz an. Kurz darauf war die Aufwärtstrendlinie durchbrochen.

Doch der DMI konnte den neu ausgebildeten Abwärtstrend brechen (zweite vertikale Linie). Die Kurse konnten den Aufwärtstrend wieder aufnehmen und kletterten entlang des ehemaligen Up-Trends stetig bergauf.

Richten Sie Ihr Augenmerk nun bitte auf die rechte Seite des Charts. Obwohl die Kurse neue Hochs markierten, bestätigte der DMI die Bewegung nicht. Der Indikator war rückläufig. Die Divergenz konnte verfrüht auf einen 100-Punkte-Verlust innerhalb von nur zwei Handelstagen hinweisen.

Der DMI zeigt somit an:
- ob ein Trend besteht,
- wenn ein Trend besteht, wie stark dieser ist, und
- wann und ob die Intensität des Trends zu- oder abnimmt.

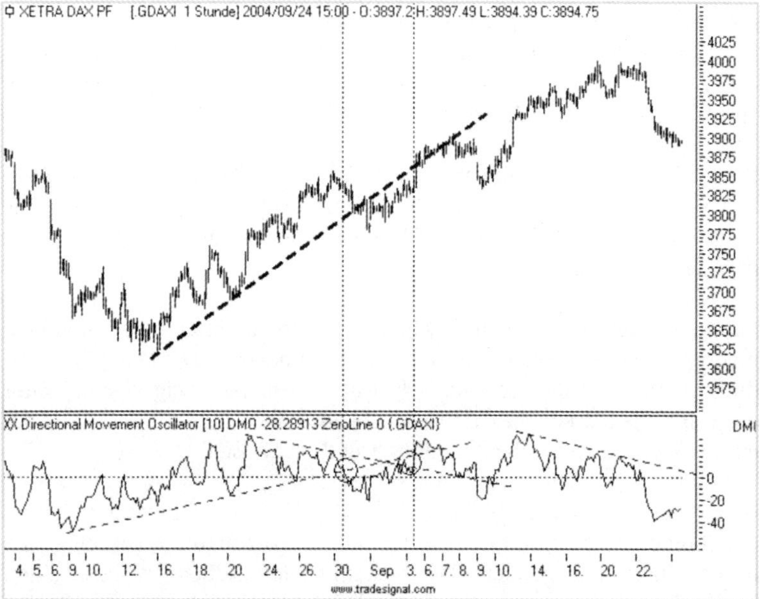

Abbildung 6.10 Xetra-DAX-Stunden-Chart mit DMI-Indikator

Zusätzlich treten extrem niedrige DMI-Werte – eine trendlose Phase – meist vor besonders heftigen Kursausschlägen auf. Auch an der Börse gilt das Prinzip der »Ruhe vor dem Sturm«.

Läuft der DMI allerdings auf extreme Spitzenwerte zu, die kaum zuvor gesehen wurden, so handelt es sich aller Wahrscheinlichkeit nach um die letzte Übertreibungsphase eines Trends. Achten Sie auf charttechnische Signale für einen Positionsaufbau in die Gegenrichtung. Doch verbrennen Sie sich nicht die Finger durch eine verfrühte Positionseröffnung.

BBD (Bollinger Bands)

Die Bollinger-Bänder wurden von John Bollinger entwickelt. Sie verwenden als Basis für ihre Berechnung einen einfachen Gleitenden Durchschnitt. Um diesen Durchschnitt werden nun eine Unterstützungs- und eine Widerstandslinie gelegt. Die Distanz dieser Linien zum Basis-GD

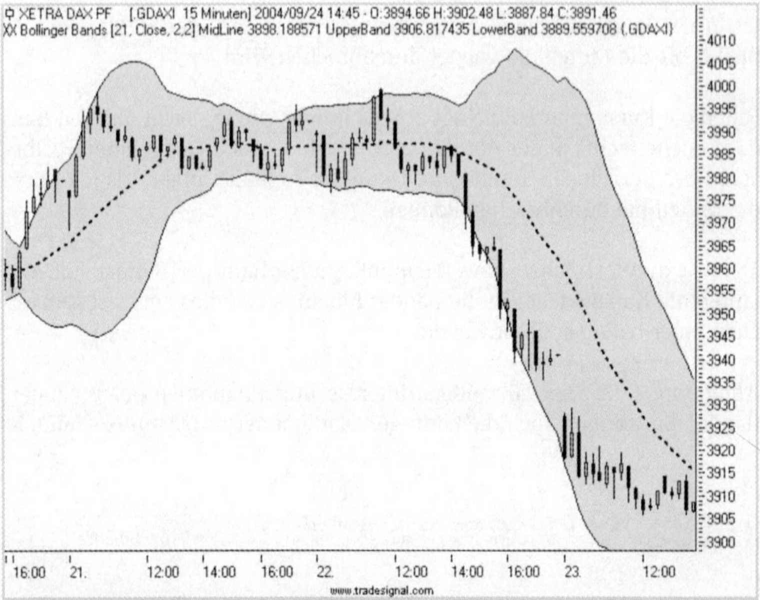

Abbildung 6.11 Bollinger-Bänder auf dem 15-Minuten-Chart des Xetra-DAX

hängt von der Volatilität des Marktes ab. Ist der Markt eher ruhig, so sind die Bänder eng beieinander, fluktuieren die Kurse heftig auf und ab, so laufen die Bänder weit auseinander. *Abbildung 6.11* zeigt, wie diese Bollinger Bands im Chart aussehen.

Die Bollinger-Bänder zeigen durch die Umhüllung der Kurse die möglichen Extremwerte innerhalb eines Swings auf. Die mittlere Linie ist der Gleitende Durchschnitt, die beiden Bänder sind durch ein frei wählbares Sigma (Standardabweichung) und die implizite Volatilität von diesem Durchschnitt versetzt.

In einem Seitwärtstrend tendieren die Kurse dazu, von einem Ende des Bandes zum anderen Ende zu laufen. Brechen die Kurse nach einer Periode eines engen Bandes in eine Richtung aus (siehe ganz links in *Abbildung 6.11*), so handelt es sich um einen Volatilitätsausbruch. Dieser deutet in der Regel auf einen neuen Aufwärtstrend hin, der so lange intakt bleibt, bis die Mittellinie wieder durchbrochen wird.

Fallen die Kurse innerhalb eines Trends immer wieder leicht aus den Bändern (siehe rechts in der *Abbildung 6.11*), so deutet dies auf einen Fortbestand des derzeitigen Trends hin. Dieser ist so lange intakt, bis die Kurse die Mittellinie durchbrechen können.

Treten extreme Höchst- bzw. Tiefpunkte außerhalb der Bänder auf und laufen die Kurse wieder in die Bänder hinein, so ist dies ein erstes Anzeichen einer baldigen Trendwende.

Abbildung 6.12 zeigt ein äußerst interessantes Phänomen der Bollinger-Bänder. Sie können auch die künftige Volatilität der Kurse mit Hilfsmitteln

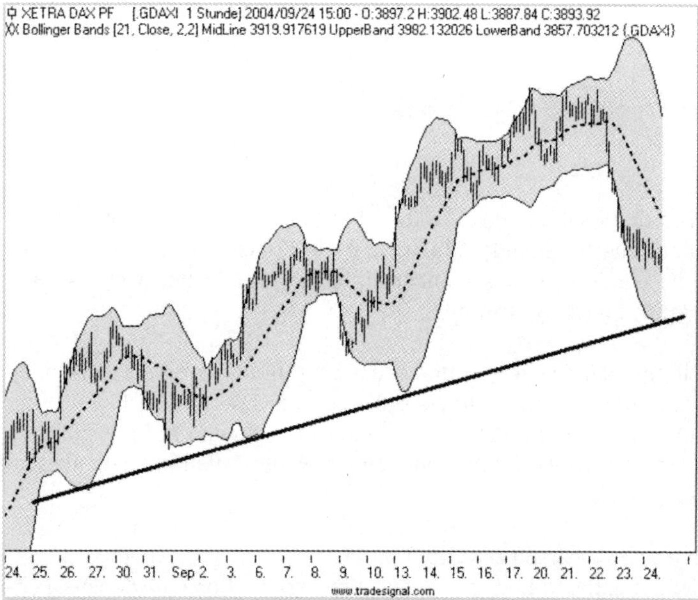

Abbildung 6.12 Volatilitätstrend anhand des Xetra-DAX

der Technischen Analyse prognostizieren und anhand dieser von Kursgewinnen profitieren. Die *Abbildung* zeigt einen konstanten und fortwährenden Aufwärtstrend anhand der Bollinger-Bänder. Nutzen Sie auch diese Technik und kombinieren Sie sie mit »klassischen« kursbezogenen Trendlinien.

simplified

Fazit

Dieses Kapitel über technische Indikatoren konnte Ihnen nur einen kurzen Einblick in die Welt der markttechnischen Analyse gewähren. Jede moderne Chart-Software wird heutzutage mit einigen Dutzend, wenn nicht sogar Hunderten von Indikatoren und mathematischen Berechnungsformeln ausgestattet. Die Thematik der Finanzmarktanalyse kann – und hat bereits – einige Bände an Buchmaterial gefüllt. Wenn Sie sich weiter mit dieser Materie beschäftigen wollen – was Ihnen ans Herz gelegt sei –, sind folgende Bücher empfehlenswert:

Weiterführende Literatur zu Bollinger-Bändern:

»Bollinger Bänder«, John Bollinger,
FinanzBuch Verlag (2002), ISBN: 978-3-89879-023-9

»*Neue Trading-Dimensionen*«, Erich Florek,
FinanzBuch Verlag (2000), ISBN: 978-3-932114-19-9

»*Enzyklopädie der technischen Indikatoren*«, Rene Rose / Klaus A. Wobbe,
FinanzBuch Verlag (2004), ISBN: 978-3-89879-104-5

»*Technische Analyse*«, Jack D. Schwager,
FinanzBuch Verlag (2003), ISBN: 978-3-89879-034-5

Money-Management

Es gibt keinen Indikator, der immer ohne Fehlsignale funktioniert, und es gibt keine Chart-Formation, die Ihnen immer satte Gewinne einfahren wird. Trotzdem verbeißen sich viele Trader immer wieder in die Suche nach dem Allerweltsrezept für ewige Gewinne mithilfe einer simplen Börsenformel. Die Amerikaner nennen dieses Phänomen »Die Suche nach dem heiligen Gral« (the search for the holy grail). Frei übersetzt ist der heilige Gral eine Eier legende Wollmilchsau.

Sie werden überrascht sein zu erfahren, dass es eine Eier legende Wollmilchsau an der Börse gibt. Allerdings tritt diese nicht in Form einer Chart-Formation oder des perfekten Indikators auf, sondern als eiserne Disziplin und Money-Management.

Mit eiserner Disziplin ist das Setzen und Einhalten von Stopp-Loss-Kursen gemeint. Bevor Sie einen Trade eröffnen, bestimmen Sie immer vorher, ab welchem Preis der Trade schief gelaufen ist, und verkaufen Sie sofort! Warten Sie nicht, dass die Kurse wieder nach oben laufen, und verschieben Sie auf keinen Fall Ihren Stopp-Loss!

Und was ist Money-Management? Der richtige Einsatz von Money-Management ist eine Grundbedingung für langfristigen Erfolg an den Kapitalmärkten. Ein guter Handelsplan (Handelssystem) mit schlechtem Money-Management ist einem schlechten Handelsplan mit gutem Money-Management meist haushoch unterlegen!

Unter Money-Management versteht man die Sicherung von bestehendem und angesammeltem Kapital. Sie können mit den Techniken des Money-Managements sowohl ihr hinterlegtes als auch ihr bereits gewonnenes Geld sichern und vor unnötigen Verlusten schützen.
Das Money-Management befasst sich mit folgenden Themen:

- Wie viel Geld sollte pro Trade maximal riskiert werden?
- Welcher (prozentuale) Anteil des verfügbaren Kapitals darf investiert werden?
- Wie hoch darf eine eventuelle Hebelwirkung über Termingeschäfte ausfallen?
- Wie werden Positionen auf- und wieder abgebaut?

Die Regeln des Money-Managements unterstützten den disziplinierten Trader in seinem Unterfangen, Verluste zu begrenzen und Gewinne laufen zu lassen. Dies geschieht, indem die Aufmerksamkeit des Traders nicht auf das mögliche Gewinnpotenzial, sondern auf das Verlustpotenzial gerichtet wird.

Was würden Sie als Trader vorziehen? Viele kleine Gewinne und einen großen Verlust oder viele kleine Gewinne und viele kleine Verluste? Die richtige Antwort: lieber viele kleine Verluste anstatt einmal kräftig abzugeben. Dies lässt sich auf ein einfaches mathematisches Grundprinzip zurückführen. Um einen prozentuellen Verlust wettzumachen, sprich ihn wieder auszugleichen, müssen Sie prozentuell mehr Gewinn als Verluste machen. Betrachten Sie zu dieser These die folgende Tabelle:

Drawdown (%)	Benötigter Gewinn (%)	Differenz
-10%	11%	1%
-20%	25%	5%
-30%	43%	13%
-40%	67%	27%
-50%	100%	50%
-60%	150%	90%
-70%	233%	163%
-80%	400%	320%
-90%	900%	810%
-100%	unmöglich	--

Abbildung 7.1 Drawdown-Tabelle

Sie sehen: Wenn Sie einen Verlust von zehn Prozent verbuchen, so brauchen Sie nur elf Prozent Gewinn, um diesen wieder auszugleichen. Bei 20 Prozent Verlust müssen Sie bereits fünf Prozent mehr verdienen, als Sie verloren haben, um ihr angesammeltes Kapital zurückzuerhalten. Ab einem Verlust von 30 Prozent wird es kritisch: Sie benötigen nun schon 43 Prozent Gewinn, um wieder auszugleichen. Spätestens ab einem 40-Prozent-Verlust beginnt es, unmöglich zu werden, das verlorene Geld wieder zurückzubekommen.

Das Erschreckende ist, dass in dieser Tabelle weder Gebühren noch Slippage berücksichtigt sind. Das bedeutet, dass diese Tabelle im realen Börsenhandel einen noch größeren Differenzbetrag zwischen Verlust und benötigtem Gewinn aufweist.

Zusätzlich tut sich für Trader ohne Money-Management eine weitere Fallgrube auf. Wer einmal 30 oder 40 Prozent seines Kapitals verloren hat, ist gewillt, mehr Risiko auf sich zu nehmen, um dieses Geld schnell wieder »zurückzugewinnen«. Japaner sagen zu diesem Verhalten »Harakiri«. Durch diese erhöhte Risikobereitschaft gerät er in einen Teufelskreis. Da weitere Verluste eingefahren werden, erhöht der Trader das Risiko erneut. Dieses Verhaltensmuster endet im Regelfall in der letzten Zeile der Tabelle in *Abbildung 7.1*, also im Totalverlust.

Nicht nur der Drawdown stellt für viele einen unüberwindbaren Abgrund dar. Viele Amateure tendieren dazu, an der Börse das schnelle Geld machen zu wollen. Sie rechnen ihr Kapital mit einem bestimmten Prozentsatz (Jahresperformance) hoch und erwarten in wenigen Jahren finanzielle Unabhängigkeit und Wohlstand ohne Ende.

Das einzig Wichtige für einen Amateur-Trader ist die jährliche Performance. 30, 50, 100 Prozent oder noch mehr müssten doch locker möglich sein! Nun, sind sie auch. Allerdings unter gewissen Risiken. Betrachten wir nun die Performance eines sehr aggressiven Traders mit hohen Gewinnen, aber auch mit hohen Verlusten, im Vergleich mit einem konstanten Händler. Beide erhalten ein Startkapital von 50 000 Euro, das sie über einen Zeitraum von zehn Jahren konstant verwalten.

Jahr	Trader A Performance (%)	Trader B Performance (%)
1	38%	17%
2	65%	17%
3	-31%	17%
4	27%	17%
5	-31%	17%
6	-41%	17%
7	157%	17%
8	32%	17%
9	-41%	17%
10	12%	17%
Summe	Euro 156.000	Euro 240.000
Performance	18.7%	17.0%

Abbildung 7.2 volatile versus konstante Performance

Wir sehen, dass Trader A tolle Jahre hatte. Wertzuwächse von 65 oder gar 157 Prozent stoßen am Stammtisch sicherlich auf offene Ohren. Trader B mit einer »langweiligen« Performance von 17 Prozent pro Jahr wird hingegen respektiert, aber nicht vergöttert. Was sind schon 17 Prozent im Vergleich zu 157 Prozent? Und zusätzlich konnte Trader A eine durchschnittliche jährliche Performance von 18,7 Prozent bieten. Das sind immerhin 1,7 Prozent mehr pro Jahr als Trader B.

Wie hätte die Performance von Trader A allerdings ohne diese 157 Prozent ausgesehen? Was, wenn Trader A in Jahr 7 statt 157 Prozent »nur« 17 Prozent wie Trader B erwirtschaften konnte? Trader A hätte nach zehn Jahren einen absoluten Verlust von beinahe 10000 Euro und würde ohne Berücksichtigung der Inflation mit einem 40000-Euro-Konto dastehen. Dies würde eine absolute Differenz von 200000 Euro der beiden Konten nach zehn Jahren ergeben. Das entspricht 300 Prozent Unterschied vom Anfangskapital!

Wenn Sie sich mit dem Thema Money-Management näher beschäftigen wollen, seien Ihnen folgende Bücher empfohlen:

Weiterführende Literatur zu Money Management:
»Clever Traden mit System«, Van K. Tharp,
FinanzBuch Verlag (2001), ISBN: 978-3-932114-43-4

»The Mathematics of Money Management:
Risk Analysis Techniques for Traders«, Ralph Vince,
Wiley-Publishing (1992), ISBN: 0471547387

»Quantitive Trading and Money Management: Revised Edition«,
Fred Gehm,
McGraw-Hill (1995), ISBN: 1557385858

»Money Management Strategies for Futures Traders«,
Nauzer J. Balsara,
Wiley-Publishing (1992), ISBN: 0471522155

simplified

Handelsregeln

Das abschließende Kapitel dieses Buches soll Ihnen einige wichtige Handelsregeln mit auf den steinigen Weg der Bewältigung der Kapitalmärkte geben. Verwenden Sie diese Handelsregeln als Richtlinien – oder moderner ausgedrückt: als Navigationssystem – im Urwald des täglichen Auf und Ab der Kurse.

Regeln zum Positionseinstieg

1. Legen Sie die Haltedauer vor einem Trade fest

Bevor sie eine Position eröffnen, sollten Sie unbedingt die geplante Haltedauer definieren. Vermischen Sie also auf keinen Fall die Zeithorizonte. Wenn Sie eine Position aufgrund eines Kaufsignals in einem Fünf-Minuten-Chart eingegangen sind, und Sie halten diese Position nach vier Wochen noch immer, so haben sie eindeutig keinen legitimen Grund, diese Position zu halten.

2. Arbeiten Sie nicht nur auf einer Zeitebene

Konzentrieren Sie sich nicht ausschließlich auf den Wochen-Chart oder den Fünf-Minuten-Chart. Nicht jeder Markt kann auf jeder Zeitebene getradet werden. Viele Day-Trader begehen den Fehler, ausschließlich kurzfristige Positionen zu eröffnen. Diese verursachen hohe Gebühren und fahren nur kleine Gewinne ein. Aber man braucht auch die großen Swings, um profitabel zu sein. Umgekehrt wird der gleiche Fehler gemacht: Viele Großinvestoren und auch Fonds konzentrieren sich einzig und alleine auf langfristige Bewegungen. Doch tritt eine Seitwärtsphase auf, wären sie besser mit kleinen, aber feinen Gewinnen gefahren!

3. Planen Sie jeden Trade

Jeder Trade sollte geplant werden. Steigen sie niemals impulsiv oder aufgrund eines Tipps in einen Trade ein. Tipps sind hilfreich, aber nur, wenn Sie noch eigene Nachforschung anstellen und Analysen erstellen.

4. Warten Sie immer auf eine Bestätigung

Wenn Sie eine Position aufgrund eines technischen Signals eröffnen, sollte dies stets nur mit einer entsprechenden Bestätigung erfolgen. Handeln Sie niemals blind, und folgen Sie keinen einzelnen Signalen (z.B. nur den Indikator oder nur das Kerzensignal beachten).

5. Legen Sie den Stopp-Loss vor der Positionseröffnung fest

Wie viel Sie maximal riskieren wollen, muss vor der Positionseröffnung bereits feststehen. Eröffnen Sie niemals einen Trade ohne ein Stopp-Niveau. Ein einziger Fehler dieser Sparte kann Ihre ganzen Gewinne (und mehr) vernichten.

Regeln zum Positionsausstieg

1. Wenn Chart-Formationen und/oder andere Signale einen künftigen Trend gegen Ihre Position anzeigen, ergreifen Sie Gegenmaßnahmen

Wenn Sie sich in einem Trade befinden und es erste Anzeichen gibt, dass der Markt drehen könnte, müssen Sie handeln. Das Beste ist, seinen Stopp-Loss enger zu ziehen und dadurch das Verlustrisiko zu minimieren. Schließen Sie allerdings nicht blindlings jede Position, sonst kommen Sie nie in die Gewinnzone.

2. Wenn Ihr Stopp erreicht wird, steigen Sie aus

Sollten die Kurse Ihren Stopp-Loss erreichen, steigen Sie unverzüglich aus. Das ist der Sinn eines Stopp-Loss. Trainieren Sie Ihre Disziplin und bewahren Sie so Ihr Vermögen.

3. Wenn die Position von Beginn an gegen Sie läuft, schließen Sie den Trade

Wenn die Position vom ersten Tag an herbe Verluste einfährt, schließen Sie die Position. Es ist unwahrscheinlich, dass das Setup, wegen dem Sie den Trade eingegangen sind, noch Gültigkeit besitzt. Steigen Sie notfalls später zu einem »besseren« Kurs erneut in die Position ein.

4. Wenn Sie nicht da sind, schließen Sie die Position

Wenn Sie verreisen oder sich nicht um Ihre Positionen kümmern können/wollen, schließen Sie Ihre Trades, bevor Sie längere Zeit abwesend sind. Es könnte unter Umständen ein teurer Urlaub werden!

5. Seien Sie immer wachsam

Werden Sie offenen Positionen gegenüber niemals nachlässig. Verfolgen Sie sowohl Verlust- als auch Gewinnpositionen konstant, um den Marktverhältnissen entsprechend agieren zu können. Sie sollten zu jedem Zeitpunkt wissen, wann Sie die Position schließen werden und welchen Buchgewinn bzw. -verlust diese Position zurzeit aufweist.

6. Eröffnen Sie, nachdem Sie ausgestoppt worden sind, nicht sofort wieder eine Position

Hüten Sie sich davor, kurz nachdem Sie aus dem Markt geschüttelt worden sind, wieder eine Position zu eröffnen. Dies kommt einem Nichtbeachten des Stopps gleich, da Sie wieder in derselben Verlustposition stecken.

7. Nehmen Sie niemals schnelle, kleine Gewinne mit

Die Maxime lautet: »Verluste begrenzen, Gewinne maximieren«. Hüten Sie sich davor, Gewinnpositionen frühzeitig abzustoßen. Nehmen Sie niemals Gewinner innerhalb der ersten drei bis sechs Candles mit.

8. Verwenden Sie dynamische Stopp-Loss-Levels

Passen Sie Ihren Stopp-Loss der Kursentwicklung an. Ziehen Sie nach

Kursgewinnen in einer Long-Position den Stopp-Loss nach oben an. Minimieren Sie Ihr Risiko und sichern Sie Ihre Gewinne!

9. Vergößern Sie niemals Ihr Risiko

Bewegen Sie Ihren Stopp-Loss nur dann, wenn Sie Ihr Risiko dezimieren. Vergrößern Sie niemals ihr anfängliches Verlustpotenzial.

10. Schließen Sie niemals eine Position, nur weil Ihr Kursziel erreicht wurde

Achten Sie beim Erreichen der Kursziele besonders auf Verkaufssignale, verwenden Sie dieses Niveau aber nicht automatisch für ein Glattstellen Ihrer Position. Es ist äußerst wahrscheinlich, dass Sie sich Ihrer eigenen Gewinne berauben.

Allgemeine Handelsregeln

1. Rekapitulieren Sie Ihre Charts konstant

Analysieren Sie täglich mehrere Charts und verfolgen Sie die Kursentwicklung nach Ihrer Analyse weiter – selbst wenn Sie nicht investiert sind. Übung macht den Meister.

2. Führen Sie ein Handelsjournal

Archivieren Sie jeden Trade inklusive Chart, den Sie eingegangen sind. Notieren Sie gewonnene Erkenntnisse, Gründe für den Einstieg, Stopp-Niveau und Kursziel. Wenn die Position geschlossen wurde, evaluieren Sie Ihr Verhalten. Was können Sie beim nächsten Trade besser machen? Wo lagen die Fehler? Notieren Sie Nettogewinn und Nettoverlust. So sehen Sie, welche Trades dazu tendieren, in den Verlust zu laufen. Dadurch können Sie diese eliminieren.

3. Führen Sie ein Journal über Chart-Formationen

Katalogisieren Sie Ihre Erfahrungen und Bemerkungen über bekannte oder von Ihnen entdeckte Chart-Formationen.

4. Entwickeln Sie einen Handelsplan

Dies ist eine der wichtigsten und schwierigsten Regeln. Verfassen Sie Regeln für sich, unter welchen Umständen Sie wann Positionen schließen und öffnen. Erarbeiten Sie Stopp-Loss-Techniken und definieren Sie, wann welche Technik zum Einsatz kommt. Stellen Sie sich vor, Sie seien bei einem Hedge-Fond angestellt und Ihr Chef bittet Sie um einen schriftlichen Bericht Ihres Handelsstils.

5. Gewinnpositionen tendieren dazu, von Beginn an Gewinne zu verzeichnen

Dies ist ein allgemeines Phänomen, das Sie in der strikten Begrenzung von Verlusten unterstützt.

6. Handeln Sie immer nach Ihrer eigenen Meinung

Wenn Sie short im DAX sind und die ganze Welt schreit, dass morgen der DAX durch die Decke geht, dann bleiben Sie investiert. Ändern Sie Ihre Position niemals aufgrund der Aussage eines anderen Marktteilnehmers – nicht einmal, wenn es Alan Greenspan ist. Ausnahme: Es ändert sich das technische Bild aufgrund der Aussage einer Person.

7. Kaufen Sie in einer Verlustposition niemals nach

Manche Marktteilnehmer meinen, man könne seinen Einstand »verbilligen«, wenn man eine Verlustposition aufstockt. Sie verbilligen Ihre Position auf diese Weise nicht, sondern verteuern sie, da Sie den Verlust vergrößern.

8. Bleiben Sie am Ball

Informieren Sie sich stets ausführlich. Lesen Sie Fachmagazine und Sachbücher, gehen Sie in Internetforen und besuchen Sie Messen und Seminare. Dadurch bleiben Sie stets über neue Techniken und Handelsansätze auf dem Laufenden. Stillstand ist Rückschritt. Rückschritt ist Verlust.

9. Ignorieren Sie die Massenmeinung über die künftige Kursentwicklung

Es kann Ihnen egal sein, was Zeitungen, Fernsehen und Nachbarn über die Börse sagen. Niemand anders außer Sie entscheiden, wie Sie sich positionieren. Ignorieren heißt allerdings nicht, antizyklisch zu handeln. Wenn Sie erkennen, dass die Masse wie Sie positioniert ist, müssen Sie die Position nicht schließen! Lassen Sie sich nur nicht von der gerade vorherrschenden Meinung beeinflussen, und konzentrieren Sie sich auf die Charts!

Allgemeine Regeln

1. Untersuchen Sie, ob Sie wirklich traden wollen

Bevor Sie erfolgreicher Trader sind, müssen Sie enorm viel lernen, und Sie setzen sich großen finanziellen Risiken aus. Sie müssen in Ihre Ausbildung Geld und Zeit investieren. Es ist durchaus möglich, dass Sie in Ihren Anfangszeiten zusätzlich kontinuierlich Geld verlieren werden. Bevor Sie sich der Herausforderung Börse stellen, fragen Sie sich, ob Sie das auch wirklich wollen.

2. Seien Sie kein Perfektionist

Den perfekten Trade gibt es nicht. Verlieren ist Teil des Spiels und kommt konstant vor. Sehen Sie jeden Trade nur als einen von 10 000 auf einem langen Weg zum Erfolg an. Dadurch verliert ein einzelner Verlust-Trade an Bedeutung, und Sie können Ihren Blick fürs Ganze schärfen. Sie werden an der Börse verlieren, die Frage ist nur, was unterm Strich steht.

3. Seien Sie Perfektionist

Steht diese Regel nicht mit Regel 2 in Konflikt? Ganz und gar nicht! Führen Sie jeden Trade perfekt durch. Halten Sie sich mit eiserner Disziplin an Ihre Regeln und halten Sie mit regelrecht religiöser Konsequenz Ihre Stopp-Kurse ein.

4. Haben Sie keine Angst vor Verlusten

Nichts wird Verluste mehr anziehen als die Angst davor. Beherrschen Sie Ihre Psychologie. Nehmen Sie das eine oder andere Psychologie-Börsenbuch in die Hand*.

Diese Bücher sind für Börsianer mit ein wenig Erfahrung Gold wert!

5. Seien Sie illoyal

Um Ihre Flexibilität zu bewahren, müssen Sie Ihren Positionen gegenüber immer illoyal sein. Verlieben Sie sich nicht in Ihre großen Gewinner – sonst schmelzen die Gewinne dahin. Sie müssen in der Lage sein, Ihre Meinung schnell zu ändern und sich dementsprechend zu positionieren.

6. Bleiben Sie bodenständig

In starken Gewinnphasen kommt gerne das Super-Ich herausgesprungen – machen Sie ein paar Tage Pause, wenn Ihr Depot exorbitant angewachsen ist.

---

* *»Mentale Börsenkompetenz«*, Franz-Josef Buskamp, FinanzBuch Verlag (2004), ISBN: 978-3-89879-063-5

»Gewinnen beginnt innen«, Claus David Grube, FinanzBuch Verlag (2004), ISBN: 978-3-89879-097-0

»Der disziplinierte Trader«, Mark Douglas, FinanzBuch Verlag (2001), ISBN: 978-3-89879-042-0

7. Machen Sie Pausen nach Verlustphasen

Noch viel wichtiger ist, nach Verlustphasen ein paar Tage Pause zu machen. Wenn Ihr Depot um 20 Prozent geschrumpft ist, gönnen Sie sich eine Auszeit. Sie sind zu diesem Zeitpunkt nicht im Einklang mit den Märkten.

8. Werden Sie kein Fachidiot

Es gibt noch andere schöne Dinge auf der Welt außer Börse.

Ein Service des FinanzBuch Verlags:
kurs+
www.kursplus.de
Autoren live erleben – Fragen stellen
Abonnieren Sie unverbindlich unseren Newsletter – alles über unsere kostenlosen Veranstaltungen, Kongresse und Seminare.
www.seminar-newsletter.de

Enzyklopädie der Chartmuster

Thomas N. Bulkowski

Es gibt eine Vielzahl von Chartmustern, die dem Anleger sagen, ob sich eine Aktie oder Ware im Aufwärts- oder Abwärtstrend befindet. Verschiedene Muster signalisieren verschiedene Ereignisse, und diese Muster verraten dem Anleger, wie sich die Aktie, ausgehend vom aktuellen Kurs, verhalten wird. Daher ist das Verfolgen und Erkennen von Chartmustern ein wichtiges Instrument der Technischen Analyse. Die »Enzyklopädie der Chartmuster« ist weltweit der umfassendste Leitfaden zur Chartbildung. Er erläutert detailliert das Marktverhalten und enthält aktuelle Performance-Statistiken. Ein unverzichtbares Nachschlagewerk für Börsenhändler und versierte Anleger.

719 Seiten | Hardcover | 64,90 € (D) | ISBN: 978-3-89879-084-0
Mehr Informationen zu Investmentthemen finden Sie unter www.portfoliojournal.de

Technische Analyse

Jack D. Schwager

Brillant und leicht nachvollziehbar erfahren Sie alles über die wichtigsten Chartverfahren. Nutzbringende Handelsstrategien und klar umrissene Praxisbeispiele mit Hunderten von aussagestarken Charts liefern Ihnen wertvolle Lösungen für die entscheidenden Fragen der Börse. Es werden genauestens die Gründe untersucht, wann Sie eine Position eingehen sollten und wie sich diese Position aus technischer Sicht entwickeln wird. Ferner finden Sie hier die Indikatoren, von denen die gesamte Fachwelt spricht, einmal leicht verständlich erklärt: Ihre Verwendung, der Nutzen und auch die klaren Grenzen beim Einsatz von Indikatoren.

860 Seiten | Hardcover | 64,90 € (D) | ISBN: 978-3-932114-03-8

Enzyklopädie der Technischen Indikatoren

Rene Rose (Hrsg.)

Von A wie ADX bis Z wie ZigZag: Ein Team qualifizierter Fachautoren erklärt Ihnen leicht verständlich Hunderte von Indikatoren und beschreibt darüber hinaus Sentimentindikatoren, Fibonacci-Studien, führt in die Elliott Wave Technik ein, gibt Beispiele für Kagi-, Renko- und Three-Line Break-Charts, kombiniert Point & Figure mit Indikatoren, erläutert Neuronale Netze mit Indikatoren und geht auch auf jüngste Entwicklungen wie die Heikin Ashi Methode ein.

768 Seiten | Hardcover | 64,90 € (D) | ISBN 978-3-89879-104-5

Mehr Informationen zu Investmentthemen finden Sie unter www.portfoliojournal.de